In dem freien Feld auf der vorigen Seite
können Sie sich das Buch vom Autor
signieren lassen – oder selbst zum
Beispiel eine persönliche Widmung für
jemanden verfassen, dem Sie diesen
Roman schenken möchten.

Andreas Séché

Zeit der Zikaden

Roman

Andreas Séché

ZEIT DER ZIKADEN

»Ich werde deinen Garten zerstören und dich in die Wüste jagen«, sagte der böse Dschinn.

»Die Pflanzen magst du vernichten können«, antwortete Amina. »Aber den Garten trage ich in mir, und wenn ich ihn in den Sand weine, wird er dort wieder aus dem Boden hervorbrechen.«

Legenden von Syrakesh

Ouvertüre
Adagio

Was reglos scheint, hebt vielleicht die Welt aus den Angeln. Was mit viel Getöse rumort, rührt womöglich nur Altbekanntes um und bewegt doch nichts. Vermutlich waren die tobsüchtigen Wellen, die den Ozean in der Nacht durchwühlt haben, nichts weiter als gut kaschierter Stillstand. Und nun, wo das Meer friedlich und schweigsam in der Behaglichkeit eines schlaftrunkenen Morgens döst und sich nach menschlichem Ermessen nichts rührt, bereitet die Tide den nächsten Wandel vor. Denn keine Kraft der Welt vermag die Gezeiten des Lebens zu unterdrücken.

Mit jener sanftmütigen Trägheit, die sich nur gigantische Schöpfungen wie der Ozean, Wale oder der Mond gestatten können, gibt sich die blaue Wasseroberfläche mit einem kaum merklichen Schaukeln zufrieden. Vielleicht weil das größte aller Meere sich an diesem Tag seinem Namen besonders verbunden fühlt, denn Ferdinand Magellan hat es den Pazifischen, den friedlichen Ozean getauft.

Am Strand beugen sich ein paar Palmen über weißen Sand, als sei dieser geschundene Inselstaat in den letzten Jahren nicht die Hölle, sondern das Paradies gewesen. Möwen schweben über dem Wasser und kreischen in die Seeluft hinein, was immer ihnen in den Sinn kommt, denn sie gehören zu den wenigen Geschöpfen des Landes, denen die Möglichkeit unverhohlenen Gemeckers nie genommen worden war. Ansonsten schweigt der junge Tag, aber sein Atmen ist in einer leichten Brise spürbar, die landeinwärts streicht.

Etwas schwimmt auf den Strand von Syrakesh zu. Nicht geradewegs, sondern in einem geduldigen Vor und wieder Zurück, auf den schwungvollen Umwegen eines Ozeanwalzers. Zur heimlichen Musik kleiner Wellen naht es heran, zögernd, als müsse es erst noch auskundschaften, ob die Luft rein sei und es an Land geschwemmt werden wolle. Umspült von Wasser reckt es ab und zu seinen Hals in die Höhe wie ein Schiffbrüchiger kurz vor dem Ertrinken. Endlich rutscht es über das rettende Ufer, und das Meer gleitet von ihm ab wie ein Gewand. Für einen Moment bleibt es nackt im Sand liegen, aber dann kommen die Wellen noch einmal zurück und tragen es ein Stück weiter den Strand hinauf, wie um ganz sicherzugehen. Kurz streift es eine Muschel, und aus dem Sand steigt röchelnd der versalzene Ton einer Violinsaite auf.

1. Satz
Largo

Als der alte Ibrahim sich gerade eine Dattel in den Mund stecken will, während er über die Rücken seiner Schafe hinweg in den Horizont starrt, entdeckt er dort draußen einen Mann, der auf allen vieren aus der Wüste gekrochen kommt. Maskhran ist ein kleiner Ort von solch regloser Gemütlichkeit, dass jede schnelle Bewegung die Jüngeren sofort tief beeindruckt, den Älteren hingegen als entbehrliche Prahlerei erscheint, und so bleibt Ibrahim zunächst einfach auf seinem Stein hocken und beobachtet den sich aus der Ferne nähernden Menschen.

Maskhran liegt weit unten in Syrakesh, und noch weiter südlich bringt nur die Wüste den Mut auf, sich der Hitze auszusetzen. Vermutlich ist das der Grund, weshalb Ibrahim sich schließlich doch erhebt und die Augen zusammenkneift. Der Sand, aus dessen schattenloser Welt der Mann angekrochen kommt, ist heiß wie eine Ofenplatte, und so weit Ibrahim zurückdenken kann, hat sich noch nie jemand in die Hitze hineingewagt, und die bisher einzige Bewegung aus ihr heraus waren die Dünen selbst, die sich alle paar Jahre bis in den Schatten der Häuser von Maskhran schieben, als sei sogar der Sand auf der Flucht vor der Glut.

Ohne den Blick von der Gestalt zu nehmen, greift Ibrahim nach den Zügeln seines alten Esels, dann macht er sich auf den Weg, dem Fremden entgegen. Der Mann aus der Wüste ist am Ende seiner Kräfte und wird eher vom Sand vorangetragen, so als wollten Millionen kleine Körnchen beweisen, dass sie zusammen Dinge in Bewegung setzen können, die größer sind als sie selbst. Als Ibrahim näher kommt, sieht er, dass sich unter den zerzausten Haaren und dem ungepflegten Bart das Gesicht eines höchstens Vierzigjährigen verbirgt. Seine Haut ist von der Sonne verbrannt und seine karge Kleidung grau. Die nackten Füße sind glutrot, und die Schuhe hat der Fremde über seine Hände gestülpt. Als er Ibrahim und den Esel auf sich zukommen sieht, formulieren seine aufgeplatzten Lippen ein paar tonlose Worte, dann entzieht die Aussicht auf Hilfe ihm seine letzten Reserven und lässt ihn zusammenbrechen.

»Warte, mein Freund«, sagt Ibrahim, als er neben dem Mann mühsam in die Knie geht und eine Hand unter seinen Kopf schiebt, »bevor du ruhen kannst, brauchst du noch ein wenig Kraft, um auf den Esel zu kommen.« Der Fremde blickt Ibrahim mit matten Augen an. Dann nickt er. In seinem Innern bäumt sich die erschöpfte Streitmacht seiner Körperzellen noch einmal auf, und gestützt von den Armen des alten Schäfers gelangt er tatsächlich auf den Rücken des Esels, wo er sofort nach vorne sackt. Ibrahim streift ihm die Schuhe von den Händen und bindet ihn mit den Zügeln fest, damit er nicht in den Sand zurückfällt, dann greift er nach dem Halfter und zieht Mann und Esel aus der Wüste. Schritt für Schritt wächst Maskhran heran, und Ibrahim spürt, dass unter seinen Füßen die Hitze im gleichen Maße schwindet, wie in seinem Herzen die Sorge um den Unbekannten anschwillt. Der Fremde hat die Augen geschlossen und schaukelt auf dem Esel wie ein Geschöpf, das es aufgegeben hat, am Leben zu sein.

Als sie in Maskhran ankommen, schickt Ibrahim ein paar von den Jungen los, um nach seinen Schafen zu sehen. In den verwinkelten Gassen, wo jede Aufmerksamkeit sich von ganz allein auf das wenige darin Platz findende Leben verdichtet, ziehen der alte Schäfer und der halbtote Unbekannte auf dem Eselsrücken schnell eine Prozession teils neugieriger, teils aufrichtig besorgter Menschen hinter sich her, ein kleines Wunder in jenen Straßen, auf denen noch vor Kurzem die ausgebluteten Kadaver der eigenen Familie gelegen haben und die Aufmerksamkeit für einen erschöpften Fremden für lange Zeit nur schwer zu erringen ist.

Mit einem Schweif aus Stimmengewirr erreicht Ibrahim schließlich sein kleines Haus, wo er und ein paar Männer den Fremden vom Esel hieven und in der Wohnstube auf die Bodenkissen betten. »Geht nach Hause«, ruft Ibrahim nach draußen, und als die kleine Menschentraube vor seinem Eingang schließlich zögernd auseinandertreibt wie eine Herde meckernder Schafe, holt er ein feuchtes Handtuch und eine Flasche Wasser aus der Küche und legt dem Fremden den kühlenden Stoff auf die Stirn. Dann stehen die, die ihn hereingetragen haben, um das Kissenlager herum und schauen auf den Unbekannten hinab.

»Wir sollten nach dem Derwisch schicken«, flüstert schließlich Ibrahims Nachbar, dessen Gläubigkeit schon immer größer war als sein Vertrauen in die Medizin.

»Wir sollten ihm zunächst etwas zu trinken geben und dann von ihm selbst hören, wie er sich fühlt«, sagt Ibrahim, der gelegentlich sowohl der Religion als auch der Medizin ein paar aufklärende Worte als noch heilsamer vorzieht. »Warum andere nach seinem Zustand fragen, wenn er ihn selbst beurteilen kann?«

Die anderen nicken stumm und starren weiter den Mann aus der Wüste an, während Ibrahim ihm die geöffnete Wasserflasche an den Mund hält.

»Trink etwas, mein Freund«, sagt er leise. »Und willkommen in meinem Haus.«

In diesem Moment lösen sich die verkrampften Finger des Fremden, und die spröden Lippen schließen sich langsam um die Flaschenöffnung. Nach einigen gierigen Schlucken öffnet er die Augen, und eine Hand bewegt sich mühsam zum Gesicht und schiebt die Flasche beiseite, als könnte es in einer solchen Situation Dringlicheres geben als Wasser.

»Wo ist sie?«, haucht der Fremde im Delirium, dann fallen ihm die Augen wieder zu, und sein Kopf gleitet zur Seite.

Die Männer sehen sich ratlos an, und zunächst findet niemand einen Gedanken, der deutlich genug ist, um sich in Worte fassen zu lassen. Durch das geöffnete Fenster dringt das sanfte Rauschen von Baumkronen ins Zimmer. Irgendwo zirpt eine Grille.

»Bei Allah«, murmelt Ibrahim schließlich betroffen, »er hatte eine Frau dabei.«

2. Satz
Calando

Drei Tage schläft und atmet der schweigsame Fremde in der Wohnstube. Ibrahim hält die Welt von ihm fern, gibt ihm zu essen und zu trinken, und mit jedem Bissen und jedem Schluck erwacht ein weiteres Stück Leben in dem Mann aus der Wüste. Ibrahim fragt ihn nicht, woher er kommt, wohin er geht und wer er ist, und wenn er abends von den Schafen nach Hause zurückkehrt, ist sein Gast meistens schon in unruhige Träume gefallen.

Versöhnlich übertüncht schließlich der Morgen des vierten Tages die Wirren einer Nacht, die für den Fremden ein Gemisch aus todtiefem Schlaf und fieberhafter Ruhelosigkeit war, wie eine Tinktur aus unvermischbaren Essenzen. Die letzten Stunden vor dem Morgengrauen wälzt er sich mit leidendem Gesicht hin und her, und als Ibrahim kurz vor Sonnenaufgang leise nach ihm sieht, liegt eine schwere Decke aus Albträumen auf der verkrampften Gestalt und drückt sie tief in die Kissen.

Beim Zwitschern der ersten Vögel setzt Ibrahim Kaffee mit Kardamom auf und lässt dabei die Küchentür offen, damit der Duft den Fremden einlullen kann. Dann hockt er sich in die Wohnstube und wartet. Als die ersten Lichtstrahlen das

Gelb der nahen Wüste ins Zimmer tragen, hat sich der Gesichtsausdruck des Unbekannten mit der fiebrigen Nacht ausgesöhnt, und sein verzerrtes Maskenspiel ist der Miene eines Mannes gewichen, der sich durch sich selbst gekämpft hat und nun endlich zu einem annehmbaren Ergebnis gekommen ist. Ein sanfter Wind weht den unaufdringlichen Klang des erwachenden Maskhrans zum Fenster herein, aber erst der Ruf eines Gockels dringt so tief in den Fremden vor, dass er die Augen öffnet und Ibrahim anblickt.

»Ein Hahn«, sagt er. Zwei Tränen ziehen einen Pfad aus glitzernden Erinnerungen über sein Gesicht, aber er lächelt.

»Guten Morgen«, sagt Ibrahim. »Kaffee?«

Der Mann aus der Wüste nickt, und Ibrahim holt ihm Kaffee und Fladenbrot mit Schafskäse aus der Küche. Mühsam richtet der Fremde sich auf und greift nach dem Teller und der heißen Tasse.

»Was ist so besonders an einem Hahn?«, fragt Ibrahim, dankbar, das Ergebnis der dreitägigen Suchaktion einiger Dorfbewohner in der Wüste nicht sofort ansprechen zu müssen.

Der Fremde lächelt wieder und blickt eine Weile schweigend und seinen Gedanken nachhängend ins Leere.

»Das ist eine lange Geschichte«, antwortet er dann und beißt in sein Fladenbrot. »Aber ich weiß von einem Hahn, der keine Flügel hat, keine Krallen und keinen Schnabel, aber doch so viel Kraft, dass er unser Land gerettet hat.«

»Klingt tatsächlich nach einer langen Geschichte«, sagt Ibrahim erleichtert. »Noch mehr Kaffee?«

3. Satz
Fortepiano

Der Junge rannte durch den Wald, als sei der Teufel hinter ihm her. Den hätte er sich als Treiber bei dieser Hetzjagd geradezu herbeigesehnt, denn im Vergleich zu seinem stockschwingenden Vater wäre er eindeutig der weniger diabolische Gegner gewesen. Doch auch an diesem Tag schien das Schicksal nicht sehr offen für Gegenvorschläge.

Diesmal hatte der Vater ein paar Tage Zeit gehabt, um Kräfte anzusammeln, und so musste Selim tiefer in den Wald hineinrennen als je zuvor. Fast eine halbe Stunde lief er nun schon durch die Bäume, stetig bergauf, um den Vorteil seiner kindlichen Kraftreserven voll auszuschöpfen. Und endlich wurden die Schritte seines Verfolgers schleppender. Als die Verwünschungen immer weiter aus der Ferne klangen, schöpfte Selim Hoffnung. Er lief noch eine Weile, dann ließ er sich keuchend auf einem umgefallenen Baumstamm nieder.

Obwohl es eigentlich keinen Grund zur Freude gab, begann er leise zu lachen, vielleicht weil nach Ausbrüchen von Tyrannei jedes plötzliche Freisein eine umso größere Würdigung erfährt. Mit ein paar intensiven Atemzügen brachte Selim seinen Kreislauf zur Ruhe. Dann schloss er die Augen und ließ seinen Rundensieg auf sich wirken, während der Wald ihm in Nase und Ohren drang und sich um seine Seele legte. Hier auf dem Berg, wo das Existenzgeraune der Menschheit nicht mehr zu hören war, konnte das Orchester des Waldes sich mit all seinen klanglichen Feinheiten entfalten. Ein Windhauch flüsterte durch die Bäume, und mit einem leisen Knacken reckten sich Abertausende Zweige in die Luft, so wie eine erwachende Katze ihren Körper dehnt, um Platz für die Lebensgeister zu schaffen. In der Nähe fiel ein Zapfen in ein Kissen aus weichem Moos. Scheinbar bewegungslos lag der Waldboden zu Selims Füßen, aber er hörte das unentwegte Rascheln und Huschen ganzer Insektenstaaten im Unterholz und im Erdreich, wo ein Milliardenvolk mit einem gigantischen Labyrinth aus konspirativen Kanälen das sichtbare Leben untergrub. In einem davon weit entfernten Kosmos saß ein Eichhörnchen hoch oben auf einem Ast und nagte an etwas herum.

Erst letzten Winter war Selim aufgefallen, dass man, sofern man sich darauf einließ, die Welt um sich herum bis in ihre verborgensten Winkel erkunden konnte, wenn man sich auf seine Ohren konzentrierte. Vor allem aber vernahm man nur dann jene Nuancen, mit denen das Orchester des Lebens seine tieferen Mysterien offenbarte. Schmelzender Schnee klang auf einem Bürgersteig anders als auf herabgefallenem Laub. Das Knistern zusammenwachsender Schneeflocken auf eisigem Boden war heller als das ihrer tauenden Schwestern im Sonnenlicht. Die Stimme des Vaters bekam im Winter einen schrofferen Klang, vielleicht weil die Kälte die Spannung der Stimmbänder veränderte und sie deshalb anders vibrierten. Wenn man gegen das Holz der Haustür klopfte, war der Ton im Winter plötzlich so fremdartig, dass Selim, als er dies zum ersten Mal bemerkte, dachte, er stehe vor dem falschen Haus.

Töne hatten anscheinend zwei Dimensionen – die offensichtliche, die jeder hörte, und ein dahinter verborgenes Klingen, das nicht ganz Dur war und nicht ganz Moll, nicht ganz warm und nicht ganz kalt. Es war eher etwas, das dem Ton sein Volumen verlieh, sein Leben und sein Atmen. Doch offenbar war diese zweite Ebene mancher Geräusche nicht für jedermann hörbar und auch nicht immer da, denn als Selim seinem Vater davon erzählte, hatte dieser seinen Gegenbeweis in einer Ohrfeige von solch trivialer Akustik zusammengefasst, dass ihr jene geheime filigrane Klangebene vollkommen fehlte. Selim war doppelt enttäuscht gewesen, hatte dies aber als Ansporn gewertet, dem Schwingen der Töne fortan noch genauer nachzugehen.

Ein Ergebnis dieser Bemühungen war, dass Selim nun, als er im Wald saß, den ungewöhnlich aufgebrachten Klang einer Lerche vernahm. Schon oft hatte er Lerchen singen hören, aber noch nie eine so hektische Erzählerin, die fürchtete, weniger Zeit als Geschichten zu haben, gehetzt und wie bestrebt, sich selbst zu überholen, mit Tönen darin, die vom Schnabel weggewischt schienen oder vom Baum heruntergespuckt. Vielleicht eine Lerche, die um ihr Leben trällerte, aber welchen Sinn sollte das haben – ein Vogel, dessen Stimme sich in höchster Eile überschlug, der sich selbst aber nicht von seinem Platz rührte?

Dann brach das Gezwitscher plötzlich ab, doch nach einer kurzen Pause war es wieder da, diesmal um eine winzige Spur langsamer und dafür mit mehr Lebensheftigkeit darin, und damit war jeder merkwürdige Unterton und jede Panik verschwunden. Ganz im Gegenteil verkündete die Lerche jetzt mit den scheinbar gleichen Tönen ihre überschäumende Daseinsfreude so euphorisch, dass Selim beschloss, der Sache auf den Grund zu gehen. Hier wusste offenbar ein Lebewesen um die geheime Klangebene, und zwar so genau, dass es mit derselben Melodie zwei vollkommen unterschiedliche Geschichten erzählen konnte.

Also erhob sich Selim und ging behutsam in Richtung der Gleichgesinnten. Bei jedem Schritt bettete er die Fußsohle langsam auf den Waldboden, um die wundersame Lerche nicht zu verschrecken, und so dauerte es eine Weile, bis der Gesang des Vogels aus unmittelbarer Nähe an Selims Ohren drang. Hier mischte sich noch ein anderer Beiton ins Gezwitscher, der schleifend klang und entfernt an die Winterstimmbänder seines Vaters erinnerte. Und als Selim sich mit gerunzelter Stirn voll und ganz auf diesen unterschwelligen Laut konzentrierte, trat er doch noch auf einen Ast. Das leise Knacken ließ das Zwitschern sofort verstummen, und eine von beiderseitigem Lauschen durchdrungene Stille übertönte selbst die Geräusche des Waldes. Aufgeregt hielt Selim den Atem an. Und obwohl es bloß um einen kleinen Vogel ging, spürte er seinen Puls im ganzen Körper hämmern, eine Übertreibung, wie sie nur das Herz eines Jungen in abenteuerlicher Mission zuwege bringen konnte.

»Wer bist du?«, fragte die Lerche schließlich.

4. Satz
Moderato

»Selim«, sagt der Fremde, trinkt den letzten Schluck Kaffee und stellt die Tasse langsam auf dem Tisch ab. »Ich bin Selim.«

Der alte Ibrahim, erprobt in der Überschwemmung der Gegenwart durch Erinnerungen und noch gefangen in der Geschichte seines Gastes, blickt ihn eine Weile abwesend an und gießt schließlich frischen Kaffee nach. »Mein Name ist Ibrahim. Ich danke dir, dass ich dir helfen darf.«

»Ich habe zu danken«, winkt Selim ab. »Nicht nur für das Nachtquartier.«

»Das waren keine besonders erholsamen Nächte, nicht wahr?«

»Verglichen mit den anderen, die hinter mir liegen, waren diese wie ein behagliches Wandeln in einem Wonnegarten Allahs«, erwidert Selim, froh, nun endlich genug Kraft zu haben, um jenem Landesbrauch gerecht zu werden, der mit einer nicht unbeträchtlichen Dosis blühender Gesprächskunst Harmonie zwischen Gast und Gastgeber zaubert. Doch sein Satz ist nicht nur süße Sprachschnörkelei, sondern auch bittere Wahrheit.

»Die letzten Nächte mögen unruhig gewesen sein«, fährt er also fort, »dennoch waren sie seit Langem die ersten halbwegs friedlichen für mich.«

»Die Wüste muss sehr hart gewesen sein.«

»Da draußen«, sagt Selim und zeigt durch das Fenster, »war nicht nur die Wüste.«

Ibrahim blickt seinem Gegenüber schweigend in die Augen und nickt schließlich. »Wenn jemand durch den heißen Sand kriecht und dabei sein Leben aufs Spiel setzt, muss er wohl von einem Ort kommen, der noch bedrohlicher ist.«

Für einen Augenblick zittern Selims Hände, und sein Blick kehrt sich nach innen, wo sich Bilder festgesetzt haben, die ihn offensichtlich so schnell nicht wieder loslassen werden. Doch mit einem Augenaufschlag und einem Lächeln ist er zurück in Ibrahims Wohnstube. »In der Wüste gab es einen Ort, dem es tatsächlich gelungen ist, voller Blut und doch ohne Lebenssaft zu sein.«

»Das lässt mich schaudern und hoffen zugleich«, flüstert Ibrahim. »Es klingt nach einem Ort, der all das, was ganz Syrakesh in den letzten Jahren gezeichnet hat, auf sich vereint. Aber es gibt ihn nun nicht mehr, sagst du?«

»Nein, das ist vorbei«, antwortet Selim und beißt in sein Fladenbrot. »Dank des Hahns.«

»Offenbar gibt es viele merkwürdige Vögel in deinem Leben«, sagt Ibrahim und lacht. »Nun sind es schon zwei, über die du mich unbedingt aufklären musst. Doch jetzt werde ich nach meinen eigenen Tieren, den Schafen, sehen. Aber wenn ich zurückkomme, unergründlicher Selim, musst du meinen brennenden Wissensdurst mit ein paar ziemlich großen Krügen Erleuchtung löschen.«

»Bitte verzeih mir, ich spreche in Rätseln«, lächelt Selim. »Das war nicht meine Absicht. Ausgerechnet ein Fremder, den man unter seinem Dach schlafen lässt, sollte einen nicht durch Unergründlichkeit beunruhigen.«

»Du beunruhigst mich nicht«, erwidert der alte Schäfer und lacht weiter, »du tust etwas noch viel Erbarmungsloseres: Du machst mich neugierig.«

»Entschuldigung«, sagt Selim, der nun ebenfalls laut lachen muss. »Wenn deine Schafe geweidet und getrunken haben, soll auch dein Durst gestillt werden.«

5. Satz
Adagio

Der Mond taucht die Rücken der Schafe in ein silbriges Licht, und die Tiere schieben sich träge über die Weide wie herabgefallene Wolken. Ein leichter Wind bläst aus der Wüste direkt auf Maskhran zu, als sei er auf der Suche nach der geschundenen Gestalt. Doch er selbst hat Selims Spuren längst verweht und auch die der Dorfbewohner, die in den letzten Tagen nach der Begleiterin des Fremden gesucht haben.

Nachdenklich blickt Ibrahim in die Sterne hinauf, die in vermeintlich immer gleicher Konstellation vom Firmament schimmern, ganz gleich, wie radikal sich die Konstellationen menschlicher Bande verändern, fast wie ein trotziges Gegenprogramm am Himmel. Oft hat Ibrahim in den letzten Jahren darüber gebrütet, wieso ausgerechnet das, was mit der größten Bewegung durchs All saust und niemals stillsteht, der einzige feste Ankerpunkt sein kann, die letzte verlässliche und beständige Größe. An manchen Abenden, wenn die Schafe friedlich am Gras zupften und der Himmel sich über Maskhran und die Weide wölbte wie ein schützendes Beduinenzelt, spürte Ibrahim eine tiefe Zuversicht in sich. Vielleicht, ging ihm dann durch den Kopf, zeugten gerade die unsichtbaren Bewegungen von größter Standhaftigkeit, und dann musste er jedes Mal lächeln.

Der Schuss, der das Leben seiner Frau beendet hatte, ließ sein Schmunzeln unter dem Firmament für lange Zeit versiegen, aber nun sitzt er da, und in den letzten Tagen haben die Sterne ihm recht gegeben – und Ibrahim fühlt, wie es beim Anblick der glitzernden Punkte über seinem Kopf in seinen Mundwinkeln zuckt. Es ist das erste Mal nach dem Schuss, dass die Gestirne ihn wieder zum Lächeln bringen, und er spürt, wie ein Gefühl innerer Freiheit durch seinen Körper und überhaupt durch sein ganzes Ich schwappt und sich schäumend überschlägt wie Meereswellen.

»Ja«, flüstert er, und einige Schafe heben kurz ihre Köpfe, grasen aber weiter, als sie merken, dass der alte Schäfer mit den Sternen redet, »am Ende ist immer Licht. Selbst in der Finsternis.«

Am Mittag hat er einen der Jungen gebeten, auf dem Markt ein paar Leckereien zu kaufen und sie seinem Gast zu bringen, und der Junge hat ihm Selims Dank überbracht und versichert, dass der Fremde Maskhrans Behaglichkeit durch das geöffnete Fenster wie Medizin inhaliere und sich in guter Verfassung befinde. Außerdem ließ er fragen, ob er seine Hände mit jener Salbe behandeln dürfe, die im Bad stehe. Ibrahim, dem die ausgeprägte Sorge Selims um seine Hände nicht entgangen ist und der diesen Balsam regelmäßig aus dem Wollwachs seiner Schafe herstellt und auf dem Markt von Maskhran verkauft, hat den Jungen mit der Nachricht zurückgeschickt, dass sein Gast sich reichlich bedienen möge und er und die Schafe erfreut seien, etwas zur Geschmeidigkeit von Selims Händen beisteuern zu können. Der Junge, den Syrakeshs traditionelles Gastgeberpathos wie die meisten seiner Generation eher belustigt als berührt, ist mit einem schiefen Grinsen davongeeilt.

»Veränderung«, sagt Ibrahim nun zu den Sternen, und weil diese nicht antworten können, übernimmt er das beipflichtende Nicken für sie. Dann bewegt er sich auf seine Schafe zu, um sie zusammenzutreiben, denn zwischen den Wänden seiner Wohnstube schwebt noch eine Geschichte in der Luft.

6. Satz
Adagio

Im Wald hatte Selim noch nie einen anderen Menschen angetroffen. Und ausgerechnet oben in den Bergen, wo weit und breit kein Dorf war, schien ihm dies so unwirklich wie die zufällige Begegnung eines Verdurstenden und eines Wasserverkäufers mitten in der unendlichen Wüste. Erst recht, wenn dieser Mensch in Begleitung einer Lerche war.

Mit klopfendem Herzen trat der Junge auf eine kleine Lichtung hinaus, die gut geschützt zwischen den Büschen lag. Die Stämme der Fichten umringten den Platz wie hölzerne Säulen. Der Mann, der inmitten der Lichtung auf einem Holzschemel saß und Selim neugierig studierte, hatte alle äußeren Anzeichen eines Weisen auf sich vereint, bärtig, weißhaarig und vor allem alt. Die Verschlissenheit seiner Kleidung lag leichtsinnig nahe am Zerfall, und mit struppigem Haar bekundete er eine gewisse Furchtlosigkeit gegenüber seinem eigenen Spiegelbild. Sein Körper schien irgendwie kleiner als er selbst.

Doch anscheinend war der Alte kein Philosoph, sondern ein Musiker. In der linken Hand hielt er eine Geige. Die rechte ruhte in seinem Schoß und ließ den Violinbogen langsam hin und her schwingen. Ein harmloses Werkzeug nur, geschaf fen, um zu streicheln, doch die Wahrnehmung Selims, der eben noch von Stock und Vater durch den Wald gejagt worden war, abstrahierte das lange Holz zu einem Instrument der Macht. Aber es erfüllte ihn nicht mit Furcht, sondern mit einer so unerwarteten Erkenntnis, dass er erschrocken stehen blieb und auf die Violine starrte. Vielleicht waren es der weise Nimbus des alten Mannes und die Annahme, dass der Bogen in seiner Hand unendlich mehr Ausdrucksmöglichkeiten in sich barg als der Stock des Vaters. Vielleicht war es auch der Zauber, der von den geschwungenen Formen der Violine ausging und in Selim Gefühle von Harmonie und Schöngeisterei wachrief. In einem einzigen Moment begriff er, dass dieses geheimnisvolle Instrument und sein eigenes feines Gehör zu einer Woge aus musikalischer Leidenschaft und gefühlsintensiven Geschichten zusammenfinden könnten. Geschichten, die nicht mit Buchstaben, sondern mit Noten die Menschen durchdringen würden. Und Leidenschaft, welche die Menschen berühren könnte, ohne sie anzutasten.

Die musikalische Kostprobe, die durch den Wald bis zu ihm vorgedrungen war und ihn hierhergelockt hatte, kam aus einem Holzkörper, mit dem man eben jene geheimen Schwingungen selbst erzeugen konnte, die Selim bisher nur vom Hinhören kannte. Und er ahnte, dass dem Spieler ein Instrument an die Hand gegeben wurde, dessen unterschwellige Ansprache seine Zuhörer tiefer packen konnte als die bloßen Noten selbst. Während der Stock des Vaters nicht mehr vermochte, als eine oberflächliche Botschaft zu übermitteln, der man sich unweigerlich widersetzte, barg der Violinbogen Möglichkeiten, sich viel weniger aufdringlich, dafür aber umso eindringlicher Gehör zu verschaffen. Dieses Instrument, dachte Selim, würde Menschen von innen berühren können, weil es seine

Botschaften nicht auf sie draufprügelte, sondern sich für die höhere Glaubwürdigkeit streichender Bewegungen entschieden hatte.

»Komm ruhig näher«, sagte der Alte und winkte Selim mit dem Violinbogen einladend heran. »Ich habe nicht mehr genug Zähne, um zu beißen. Mein Name ist Arif.«

Im festen Glauben, dass ein Mann, der ein solches Instrument besitzt, ohnehin niemandem ein Leid zufügen würde, trat Selim an ihn heran. Sein Blick fixierte abwechselnd die Violine und ihren nicht minder bemerkenswerten Besitzer, und Arif, als erfahrener Geigenlehrer mit der Unentschlossenheit kindlicher Aufmerksamkeit wohlvertraut, hob das Instrument hoch, um dem Jungen eine Entscheidungshilfe zu geben.

»Eine Violine«, sagte er. »Schon mal eine gesehen?«

»Schon«, sagte Selim leise.

Und weil der Junge so unverwandt das wertvolle Instrument anblickte und man arglosen Entdeckergeist niemals mit skeptischer Lebenserfahrung verscheuchen sollte, reichte der Alte Selim die Violine und den Bogen. Als die jungen Hände so behutsam danach griffen wie nach einem verletzten Vogel, wusste Arif, dass er keinen Fehler gemacht hatte.

Selim fühlte das Holz zwischen seinen Fingern und drehte die Violine vorsichtig hin und her, um jedes Detail mit der angemessenen Sorgfalt betrachten zu können. Wie vollkommen sich das Instrument und der Bogen in seine Hände fügten. Und wie angenehm sich das Holz anfühlte, warm, lebendig und ebenmäßig.

»Vier Holzarten«, sagte Arif, als habe er Selims Gedanken gelesen. »Ebenholz für das Griffbrett, Ahorn für den Boden, Fichte für die Decke und Pernambukholz für den Bogen. Sei vorsichtig mit ihm, das ist ein ziemlich teures Holz.«

Der Junge nickte, klopfte behutsam mit der Kuppe des Zeigefingers gegen den Geigenboden und lauschte dem hohlen Klang. Das Innere der Violine schien aus einer Höhle zu bestehen, in der ein gigantischer Schwarm unsichtbarer Noten nistete, der darauf wartete, herausgelockt zu werden und die Luft mit Melodien zu erfüllen. »Wie bekommt man immer wieder neue Noten aus der Geige heraus?«, fragte Selim irritiert.

Arif lächelte und deutete auf den Bogen. »Das Geheimnis ist, dass man die Töne nicht aus ihr herausholt. Man gibt sie in die Violine hinein. Der Bogen erzeugt sie mit den Saiten, und den Korpus benötigt man nur, um die Töne einzufangen und so zu verstärken, dass wir sie hören können.« Er hielt kurz inne. »Das ist das Vermächtnis der Violine: Was man ewig schröpft, ist irgendwann ausgebeutet und ausgemergelt. Nur Dinge, in die man hineingibt, werden zur unerschöpflichen Quelle.«

Wahrscheinlich war der Alte doch ein Philosoph. Zumindest kam er gern vom Thema ab, wie es Selim schien.

»Ich habe eine Lerche singen hören. Das war die Geige, nicht wahr?«, fragte er, ohne den Blick vom Instrument zu nehmen.

»Mmh, ja«, erwiderte Arif genussvoll. »Das war ein Ausschnitt aus einem Violinstück von Grigoraș Dinicu. Ein Komponist aus Rumänien, weißt du? *Die Lerche* ist ein irrsinniges und aufregendes Stück Musik, in dem man mit der Violine den Gesang eines Vogels nachahmt. Ich dachte, wenn ich schon hier sitze, um den Bäumen vorzuspielen, sollte ich etwas wählen, das ihnen vertraut ist.« Verschwörerisch zwinkerte er dem Jungen zu. »Siehst du all die Fichten um uns herum? Ich bereite sie auf ihr späteres Leben vor. Denn dies hier«, er beugte sich zu Selim vor und senkte seine Stimme, »ist ein Violinenwald.«

7. Satz
Mesto

»Arif war nicht nur Musiker und Philosoph«, sagt Selim, und als Nachhall seiner Schilderungen gleitet ein versonnener Ausdruck über sein Gesicht. »Er war auch Geigenbauer.«

Weit ist die Nacht über Maskhran vorangeschritten. Ibrahim sitzt dem Mann aus der Wüste gegenüber, lauscht seiner Erzählung und brummt zufrieden. Nicht nur, weil er tagsüber meist mit seinen Schafen vorliebnehmen muss, deren Mitteilungsbedürfnis sich im Großen und Ganzen auf sinnfreies Geblöke beschränkt. Sondern auch, weil Selim sich mit jedem einzelnen Satz ein kleines Stück mehr von einem Fremden in einen Vertrauten verwandelt.

Ist der Mann, der sich halbtot durch den heißen Sand gekämpft hat, schon bereit, von der traurigen Nachricht zu erfahren, die der Suchtrupp aus der Wüste mitgebracht hat? Selim scheint wieder bei Kräften und innerlich aufgeräumt zu sein, aber dass er selbst das Thema meidet, wertet der alte Schäfer als untrügliches Zeichen eines tief sitzenden Schocks, der Selim bis auf Weiteres vor jeder neuen Unerträglichkeit abschirmen will. Kurz denkt Ibrahim an seine eigene Frau, die nach dem Schuss aus seinem Leben ebenso verschwunden war wie aus seiner Sprache, weil er wochenlang kein einziges Wort über sie verlieren konnte. Und was ihm noch viel länger nicht über die Lippen kam, waren Fragen, denn er hatte eine lähmende Angst vor den Antworten. Davon abgesehen hatten die Menschen in ganz Syrakesh gelernt, Fragen besser nur dort zu stellen, wo niemand sie hören konnte. Zum Beispiel inmitten einer Herde verschwiegener Schafe.

»Arif saß im Violinenwald und spielte den Bäumen auf jenem Instrument vor, zu dem sie selbst eines Tages werden sollten«, sagt Selim und holt Ibrahim damit aus seinen Gedanken. »Das tat er schon seit vielen Jahren. Für den Geigenbau werden Fichten verwendet, die oben in den Bergen in einer Erde wurzeln, die nicht viele Nährstoffe enthält. Der Vorteil ist, dass die Bäume dann sehr langsam wachsen, dicht aneinanderliegende, regelmäßige Jahresringe haben – und viel Zeit, um Arifs Musik zuzuhören und sich auf ihre spätere Aufgabe vorzubereiten. Über die Jahrzehnte gerieten so immer mehr von Arifs Noten zwischen die Jahresringe.« Selim lächelt. »Das war zumindest seine Auffassung von verinnerlichter Musik.«

»Richtig so«, bemerkt Ibrahim. »Die Dinge wachsen nicht nur aus ihren Materialien, sondern auch an der Leidenschaft, die wir hinzugeben.«

Selims Augen bekommen jenes Leuchten, das durch das plötzliche Aufflackern innerer Verbundenheit genährt wird. »Die Leidenschaft«, sagt er und lächelt, »verschafft der Violine durchaus ein paar Möglichkeiten.«

»Natürlich tut sie das. Es sind die Möglichkeiten, die ein Instrument hörbar machen.«

Selim schüttelt den Kopf. »Das allein ist es nicht. Die Stärke der Leidenschaft liegt nicht nur darin, einer Violine Gehör zu verschaffen.«

»Sondern?«

Selim sieht aus dem Fenster und reist in Erinnerungen. Draußen zirpen die letzten Zikaden das Versprechen einer friedlichen Nacht in die Dunkelheit.

»Gehört zu werden, bedeutet noch nicht, auch verstanden zu werden«, sagt er dann. »Das eigentliche Geheimnis liegt darin, der Violine eine Stimme zu geben.«

Ibrahim brummt zufrieden. Dann erhebt er sich und stellt sich neben Selim ans Fenster. Gemeinsam blicken sie in die Nacht hinaus, auf die menschenleere Straße und die stillen Vorgärten. Ibrahim atmet tief ein und genießt die Ruhe, weil sie nun auch wieder Friedlichkeit bedeutet. »Lass uns schlafen gehen«, sagt er.

8. Satz
Piano

»Spiel nicht nur mit ihr«, sagte Arif. »Gib ihr eine Stimme. Das ist das Wichtigste.«

Am Morgen war Selim schon früh aus den Federn gekrochen, während sein Vater noch im Bett gelegen und sich von den Strapazen durchgreifender Erziehungsmethoden erholt hatte. Die Erkenntnis, dass Machtherrschaft anscheinend früher oder später erschöpft zusammenbrechen würde, weil sie einen beträchtlichen Teil ihrer Anstrengungen der eigenen Aufrechterhaltung widmen musste, hatte in Selim den Entschluss reifen lassen, durch Ungehorsam den Kräften seines Vaters künftig noch konsequenter Gelegenheit zur Ermattung zu geben.

Für den Anfang war er aus dem Haus geschlichen, ohne eine Nachricht zu hinterlassen. Gerade erhoben sich die Nebelschleier vom Waldboden, als hätten sie darin geschlafen, und die Taufrische entlockte den Bäumen einen belebenden Duft. Die Sonnenstrahlen fielen schräg auf die Lichtung zwischen den Fichten und zeichneten sich in der Morgenluft ab.

»Wer anderen eine Stimme geben will, muss sie zum Reden bringen. Dafür braucht man manchmal ein Hilfsmittel. Hier ist es«, sagte Arif und hielt dem Jungen die geballte Faust unter die Nase. Als er Selims bestürztes Gesicht sah und darin Erlebnisse erblickte, die unreifer waren als der Junge selbst, zog er die Faust hastig wieder zurück.

»Entschuldige«, sagte er leise und blickte betroffen zu Boden. »Das war falsch ausgedrückt. Lass mich noch einmal anfangen. Ich habe dir etwas mitgebracht. Und ich halte es hier in meiner Hand verborgen. Eine kleine Überraschung, verstehst du? Ich wollte dich nicht erschrecken.«

»Was ist es?«, fragte Selim. Seine Miene hellte sich wieder auf.

»Du wirst es todlangweilig finden, aber es ist viel bemerkenswerter, als man ihm ansieht.«

»Zeig.«

»Ich bin nicht sicher, ob du den Anblick ertragen kannst.«

»Ich dachte, es sieht todlangweilig aus?«

»Eben.«

»Mach die Hand auf.«

»Es ist ganz klein. Kaum zehn Zentimeter lang. Aber es wächst an der Bedeutung, mit der wir es anreichern.«

»Ich will es sehen.«

»Das wirst du. Was für sich genommen schon ein kleines Wunder ist.«

»Wieso?«

»Weil es vermutlich das einzige Geräusch auf der ganzen Welt ist, das man sehen kann.«

»Du hast ein Geräusch in der Hand?«

»Eine Stimme. Es ist die Stimme der Violine.«

Arif öffnete seine Faust so langsam, als könnte das, was darin lag, entwischen. In der Hand lag ein kleines, rundes Stöckchen aus Fichtenholz. Der Junge sah kein bisschen enttäuscht aus.

»Das ist eine Stimme?«, fragte er neugierig.

Er spricht den Dingen nicht ihre Größe ab, nur weil sie klein scheinen, dachte Arif und nickte zufrieden. Vermutlich wäre er ein guter Schüler.

»Wir nennen dieses kleine, aber wichtige Bauteil der Violine Stimmstock oder einfach Stimme. Und manchmal sogar –«, er machte eine Pause, »– die Seele des Instruments.« Verschwörerisch beugte er sich zu dem Jungen hinüber. »Aber ich persönlich habe einen anderen Namen dafür.«

»Welchen denn?«

»Ich nenne es die innere Saite.«

»Innere Saite?«

»Weil es tief im Innern der Violine sitzt und vibriert. Und soll ich dir ein Geheimnis verraten?« Er lächelte einladend, und der Junge nickte stumm. »Ich glaube, dass Menschen auch so ein Ding in sich tragen.«

Selim blickte gebannt auf das kleine Holzteil. »Und dieses Stäbchen sitzt in der Geige drin?«, fragte er schließlich.

»Man setzt es zwischen Decke und Boden, damit es die Schwingungen vom einen auf das andere überträgt. Außerdem stützt es den Druck ab, den die Saitenspannung auf die Decke ausübt. Dieses Stöckchen hier ist nur fünfeinhalb Millimeter dünn und muss in der Länge sehr genau angepasst werden, damit es zwischen Decke und Boden klemmen bleibt. Es wird dort nämlich nicht verklebt. Du siehst, die Stimme ist eine sehr kleine und filigrane Sache, und trotzdem verleiht sie der Violine ihre ganze Macht.« Arif ließ den Stimmstock auf einen Baumstumpf fallen. »Hörst du das? Sie hat einen sehr hohen Eigenton. Daraus können wir schließen, dass sie ziemlich elastisch ist.«

»Ist das gut?«

»Ja, das ist gut. Es bedeutet, dass die Stimme Schwingungen gut überträgt. Vorausgesetzt, sie sitzt am rechten Platz, meistens zwei bis drei Millimeter unterhalb des rechten Stegfußes. Die richtige Stelle zu finden, ist eine große Kunst, weißt du? Manchmal sucht man tagelang danach. Setzt man die Stimme falsch ein, verfehlt die Geige ihre Wirkung.«

Arif nahm das Stöckchen wieder in die Hand. »Dieses Ding hier ist ein kleines Teil in einem riesigen Puzzle, das von Geigenbauern, Komponisten und Musikern zu einem ganz besonderen Instrument zusammengefügt wurde. Du musst dir ein gewaltiges Aufgebot von Menschen vorstellen, die über die Jahrhunderte ihren Schweiß und ihre Ideen gegeben haben, um die Violine zum Leben zu erwecken. Und um ihr eine besonders intensive emotionale Überzeugungskraft zu ermöglichen.«

Der Junge blickte ihn ratlos an, und Arif suchte für einen Moment nach Worten. »Kurz gesagt«, fuhr er dann fort und zwinkerte ihm zu, »sie sollte eine gute Überredungskünstlerin werden.«

Selim nickte anerkennend.

»Willst du wissen, warum früher die Geigenbauer immer das Holz abgeleckt haben?«, fragte Arif.

»Ja«, sagte Selim. »Das will ich wissen. Und das mit der Überredungskunst.«

Intermezzo
Recitando

Es begann, wie so vieles, mit einem Stock. Ohne zu ahnen, was er damit entfachen würde, hatte irgendwer vor fünfzehntausend Jahren einen Stab gebogen, eine Schnur eingespannt und mit einem infantilen Zupfen die Geschichte der Saiteninstrumente in Gang gebracht. Vermutlich hat er seine Erfindung an die Mundhöhle gehalten, um den Tönen eine Resonanz zu geben, einer archaischen Musik, die bald aus Hütten und Höhlen drang und sich zu den Stimmen der lange vorher erfundenen Flöten und Trommeln mischte. An der klanglichen Zumutbarkeit des steinzeitlichen Orchesters darf man getrost zweifeln, aber die historische Leistung kann wohl nicht hoch genug eingeschätzt werden.

Es war der Beginn einer Suche, und sie sollte ein paar tausend Jahre in Anspruch nehmen.

In Wirklichkeit war natürlich jedem klar, dass sich ein Hirngespinst wie der perfekte Klang niemals finden ließe, aber vielleicht machte gerade das die Suche von Anfang an so verlockend: dass sie nämlich nie aufhören würde. Denn lag es nicht in der Natur des Menschen, im Ende stets nicht die Erfüllung, sondern nur die Enttäuschung zu finden? Eine Suche, die zu keiner Zeit an einer endgültigen Erkenntnis zugrunde gehen würde, versprach eine langfristig motivierende und deshalb verheißungsvolle Beschäftigung zu werden.

Um die neue Mission gleich von Beginn an langsam angehen zu lassen, zupfte man vorsichtshalber für lange Zeit einfach weiter an der Saite herum und ging fürs Erste dazu über, als Resonanzverstärker die Mundhöhle durch die Schale einer Kokosnuss oder einen Schildkrötenpanzer zu ersetzen. Immerhin kam ein unbekannter Himmelsstürmer darauf, dass man statt einer ja auch zwei Saiten einspannen könnte, um die Sache ein wenig interessanter zu gestalten.

Irgendwer brachte schließlich den Streichbogen ins Spiel, der anfänglich so stark gekrümmt war wie ein Jagdbogen. Der Einfall verbreitete sich im gesamten Orient, und mit Feuereifer machten sich die arabischen Tüftler daran, immer neue einfallsreiche Streichinstrumente zu erfinden. Das beliebteste, das Rebab, reiste schließlich in den Händen der Kreuzritter und der islamischen Eroberer Spaniens nach Europa, wo es als Rebec für Furore sorgte. Und hier wurde Mitte des sechzehnten Jahrhunderts das Klangwunder aus dem Morgenland mit seinen abendländischen Verwandten zu einer der größten Ideen der Musikgeschichte zusammengeführt: zur Violine.

In Barock, Klassik und Romantik verschaffte sie sich unter den Instrumenten auf der Stelle ihren Platz.

Schon vorher hatten an verrückten Ideen reiche Experimente zum geeignetsten Material für die Saiten begonnen. Seide, Metalle, Hanf, Pferdehaare, selbst Fasern aus Lianen und Wurzeln wurden auf der Suche nach dem bestmöglichen Klang eingespannt. Der fast kulinarisch anmutende Einfall, Tierdärme vor der Verarbeitung in Rotwein einzulegen, wurde zwar wieder fallen gelassen, aber generell erwiesen sich die mittleren Schichten der Darmhaut als so vielversprechend, dass nun allerlei Getier dran glauben musste, bis man als wohl musikalischsten Darm den des Schafes ausfindig machte, genauer gesagt: den Darm wild grasender Berg- oder Steppenschafe, rund sieben Monate alt und damit schon kräftig, aber noch flexibel genug. Die Sache hatte inzwischen etwas pedantische Züge angenommen.

Auf der Suche nach dem besten Holz wurden die Wälder durchforstet und die Stämme aus den Alpen, den Pyrenäen und den Karpaten herangeschafft. In Cremona, Mittenwald, Füssen, Amsterdam, Wien und Prag, überall machten die Geigenbauer sich daran, mit einem Musikinstrument Weltgeschichte zu schreiben. Andrea Amati und seine Nachfahren, Antonio Stradivari, Giuseppe Guarneri und Jakob Stainer zückten ihre Werkzeuge und hobelten engelhaft klingende, aber sündhaft teure Violinen aus den Wäldern. Allein Stradivari schuf über tausend Instrumente, doch als 1869 die Kirche, in der sich sein Grab befand, abgerissen wurde, machte sich trotzdem niemand die Mühe, vorher seine Gebeine zu retten, was wohl bedeutet, dass die Welt manchmal undankbar ist oder sie die Schöpfer ihrer wirklich existenziellen Werte nicht immer zu erkennen vermag.

Damit das gefällte Holz schneller trocknete, wurde bald mit Chemikalien nachgeholfen, und einem Geigenbauer, der etwas auf sich hielt, blieb nichts weiter übrig, als die Rohlinge abzulecken und so auf eine verdächtige säuerliche Note zu überprüfen. An Süße hingegen verlor der Klang der Geige gegen Ende des siebzehnten Jahrhunderts, als das Instrumentalkonzert in Mode kam, die Violine sich als Soloinstrument mit eigenen Melodien gegen das Orchester abheben musste und die Geigenbauer ihr dafür mehr Kraft verliehen. Dies war die große Stunde von Komponisten und Violinisten wie Antonio

Vivaldi, der sein Instrument aus dem Orchester herauslöste und es mutig eine virtuose Geschichte erzählen ließ.

Die Violine war damit in gewisser Weise zu ihren arabischen Wurzeln zurückgekehrt. Denn sie hatte sich eine eigenständige Stimme verschafft und war zur Erzählerin geworden. So wie ihre orientalischen Vorfahren, die ihre Beliebtheit insbesondere der Ähnlichkeit ihrer Klänge mit islamischen Gesängen zu verdanken hatten.

9. Satz
Animato

»Für Arif«, sagt Selim, »waren seine Violinen deshalb solche Wunderwerke, weil er glaubte, dass sie nicht allein in seiner Werkstatt und von seinen Händen geschaffen wurden. Wenn er eine Geige baute, trug er nur den letzten Teil eines Jahrhunderte währenden Entstehungsprozesses bei. Ein Prozess, der ein Instrument in ein Mysterium verwandelt hat.«

Ibrahim nickt.

»Und in ein gemeinsames Kind von Morgenland und Abendland«, fährt Selim fort. »So wie die alten Seefahrer aus Orient und Okzident Syrakesh geprägt haben. Auf ihren Schiffen brachten sie aus beiden Welten die Samen der Pflanzen und die Saat der Religion hierher. Wo sie gemeinsam auf fruchtbaren Boden fielen. Und obwohl Syrakesh nun ein arabisches Land ist, merkt man ihm doch bis heute auch seine europäischen Wurzeln an. Dass die Violine ihren Ursprung ebenfalls in beiden Kulturkreisen hat, war ein wichtiger Bestandteil von Arifs Lehre.«

»Er hat dich also unterrichtet«, stellt Ibrahim fest.

»Zunächst trafen wir uns regelmäßig im Wald. Er lebte in Silshana, aber einmal die Woche kam er zu der Lichtung, und dann saßen wir unter den Bäumen und bastelten an einer Violine herum, außerdem zeigte er mir, wie man sie spielt. Und ich kam aus dem Staunen nicht mehr heraus. Ein solches Instrument zu bauen, ist eine unglaublich komplexe Mischung aus Handwerk und Kunst. Und man braucht dafür ein Feingefühl, das ich als naiver Junge dem alten, heruntergekommenen Arif auf den ersten Blick gar nicht zugetraut hätte. Aber in ihm steckte eine sensible Seele, die ihn wahre Kunstwerke erschaffen ließ. Und dass er mir beides beibringen konnte – wie man eine Geige baut und wie man sie spielt –, hatte für mich einen unschätzbaren Vorteil, der mir erst mit der Zeit so richtig bewusst wurde.« Selim lächelt. »Er hat mich damit sowohl in die Geheimnisse des Körpers der Violine als auch in die ihrer Seele eingeweiht. Und darin, beides zusammenzuführen.«

»Kann man denn im Wald und ohne richtige Werkbank Violinen bauen?«, fragt Ibrahim.

»Dort haben wir uns nur getroffen, solange ich noch zur Schule ging. Aber als ich damit fertig war, habe ich mich von meinem Vater und meinem Heimatdorf verabschiedet und bin nach Silshana gegangen. Arif hatte ein richtiges kleines Lehrlingszimmer, nur wenige Straßen von seiner eigenen Werkstatt entfernt. Da konnte ich dann wohnen.«

»Und dein Vater?«

»Er hat mich ziehen lassen und kein Wort dazu gesagt, und danach habe ich nichts mehr von ihm gehört. Das hat mir natürlich zu schaffen gemacht.«

»Trotz allem?«

»Liebesentzug vernichtet nicht die Liebe. Er verstärkt im Gegenteil das Bedürfnis nach ihr, zumindest das nach Harmonie. Ich hatte das nicht erwartet, aber als er plötzlich einfach aus meinem Leben verschwand, war ich ziemlich betroffen.

Doch ich war auch sehr damit beschäftigt, eine neue Welt zu erkunden. Und gleich in den ersten Tagen, noch während ich dabei war, mich in meinem neuen Zimmer einzurichten, erkannte ich plötzlich, dass mir etwas anderes noch viel mehr fehlte.«

»Ewas anderes?«

»Ich übte gerade irgendein Stück, und alles schien zu stimmen, die Noten, das Timbre, die unterschwelligen Schwingungen, die Geschwindigkeit, der Fluss der Melodie, die emotionale Tiefe. Ich hatte nicht das Gefühl, dass ich im Vernehmbaren irgendeine wichtige Nuance vermisste. Vielmehr schien etwas zu fehlen, das man ohnehin nicht direkt heraushören würde, eine Zutat, die aber dennoch einen wichtigen Zweck erfüllte.«

Selim deutet auf Ibrahims Küchentür. »Wie beim Kochen, verstehst du? Wenn zum Beispiel manchen Speisen eine kleine Menge Zucker beigemischt wird, so geschickt dosiert, dass sie das Gericht zwar nicht erkennbar süßer macht, aber doch die Gesamtkomposition abrundet.«

»Manchmal«, sagt Ibrahim, »ist es gerade das Unmerkliche, das die Dinge vollkommen macht.«

»Ganz genau. Es fehlte eine Art intensivierendes Element, das keinen eigenen Geschmack ins Arrangement einbrachte, sondern den der anderen Zutaten besser zur Geltung kommen ließ. Ich erinnerte mich an Arifs Philosophie, dass man die Töne nicht aus der Violine herausholte, sondern sie in sie hineingab. Womöglich war es an mir und nicht am Instrument, die fehlende Zutat beizusteuern. Nicht der Geigenkorpus, nicht der Bogen und auch nicht deren Zusammenspiel ließen diese letzte Ingredienz vermissen, sondern derjenige, der beides hielt. Und anscheinend handelte es sich um etwas, das ich nicht von Arif lernen konnte.«

Selim hält kurz inne, während seine Gedanken seiner Erzählung bereits vorauseilen.

»Und dann«, flüstert er, »kam sie ins Spiel.«

»Sie?«, fragt Ibrahim.

10. Satz
Amabile

»Miriam«, sagt Selim und inspiziert mit dem übertriebenen Interesse eines Verschämten seine Hände, gerade als sei es ein Sakrileg, diesen Namen auszusprechen. Doch dann hebt er seinen Blick und schaut Ibrahim an.

Etwas ist in seinem Gesicht. Ein behagliches Sehnen nach jemandem, der unter keinen Umständen verloren gehen kann und niemals Vergangenheit wird. Eine sinnliche Zuneigung, die seinen Kopf leicht auf die Seite legt, als betrachte er Miriam gerade jetzt und streiche ihr die Haare aus der Stirn. Zufrieden in Erinnerungen wandelnde Entrücktheit. Das Gesicht eines Mannes auf einer Reise in glückliche Tage, die ihm keiner mehr nehmen kann, weil niemand in der Zeit zurückgehen und dort etwas ändern könnte und weil das Gewesene einen magischen Platz in der Gegenwart bekommen hat.

»Bei unserer ersten Begegnung hatte ihre Schönheit sich mir noch nicht offenbart. Und doch …«, sagt Selim und schweigt.

»Fabelhaft«, erwidert Ibrahim.

Sie sehen sich an und lächeln.

»Vermisst du sie?«, fragt Ibrahim und spürt einen Anflug von Angst in seinem Innern, als ihm bewusst wird, dass Miriam vielleicht jene Frau ist, nach der die Einwohner Maskhrans in der Wüste gesucht haben.

»Ja, ich vermisse sie«, sagt Selim und sieht dabei zufrieden aus. »Aber das ist mir längst keine Bürde mehr. Manchmal vermag selbst die innigste Nähe das Begehren nicht zu lindern. Nach ihr gesehnt habe ich mich auch, wenn sie gerade neben mir auf einer Bank saß oder wenn sie in meinen Armen lag.«

Für eine Weile erfüllen nur der Wirkhall seines Gedankens und das Zirpen der Zikaden die Luft. Durch das offene Fenster weht der Duft von Limettenblüten ins Zimmer und würzt Selims Worte mit einer so wohltuenden Frische, dass für Schwermut kein Platz mehr bleibt. Das Sonnenlicht dringt herein und wirft Selims Schatten an die Wand. Ein Mensch, der noch einen Schatten wirft, hat das Wichtigste noch nicht verloren, denkt Ibrahim, und ein Mensch, dessen Schemen größer ist als er selbst, hat mehr Substanz, als man ihm ansieht. Vor dem Haus rennen ein paar Kinder vorbei, die lachend eine Ziege durchs Dorf treiben. Niemand ermahnt sie, denn dass es nur eine Ziege ist, die gejagt wird, wissen die Einwohner Maskhrans in letzter Zeit ebenso zu genießen wie lachende Kinder.

»Shisha?«, schlägt Ibrahim schließlich vor.

»Meine letzte Wasserpfeife ist lange her«, nickt Selim. »Es wäre mir eine Freude.«

Der alte Schäfer schlurft in die Küche, und als er zurückkehrt, bringt er eine entzündete Shisha mit. Selim lehnt sich in die Bodenkissen, nimmt einen Zug, bläst einen weißen Schwaden in die Wohnstube und deutet darauf. »Als Miriam in mein Leben trat, lag sofort etwas Besonderes in der Luft.«

»Ingredienzien der Liebe, die im Raum schweben und einem die Sinne verwirren?«, fragt Ibrahim lächelnd

»Und die nur schwer zu greifen sind. Wie ein Hauch.«
»Ein Verdacht.«

Nun zieht auch Ibrahim an der Shisha, und dann pusten sie gleichzeitig helle Schemen in die Luft, wie das nebulöse Abbild ihres im Raum schwebenden, gemeinsam geschaffenen Gedankens.

»Einen Verdacht, dass Miriam zu etwas Besonderem in meinem Leben werden würde«, fährt Selim fort, »hatte ich gleich, als ich sie das erste Mal sah.«

11. Satz
Appassionato

»Komm herein«, sagte Arif, und mit einem respektvollen Schritt trat Selim endgültig in Arifs Leben. An den getünchten Wänden hingen bizarr geformte Öllampen aus Kupfer mit schillernd bunten Glaskörpern. In einer Ecke lagen unter einem Baldachin Dutzende großer und kleiner Kissen mit verschlungenen Mustern, und mittendrin stand auf einem kniehohen Tisch eine gewaltige Wasserpfeife. In einer anderen Ecke stapelte sich Fichtenholz bis fast an die Decke. Eine Wand war vollständig mit schweren Arbeitstischen, Truhen und Werkbänken ausgefüllt, auf denen Sägen, Bohrer, Raspeln, Feilen, Schnitzmesser und Hobel lagen. An der Kante eines der Tische klemmte die einzige elektrische Lampe, die Selim ausmachen konnte. Unter der Zimmerdecke schwebte eine Vielzahl fertiger und halbfertiger Violinen, sorgsam eingehängt in Lederschlaufen. In der Mitte des Raums befand sich eine große Feuerstelle, über der ein riesiger, kopfüber hängender Kupfertrichter als Abzug angebracht war. An der gegenüberliegenden Wand schließlich entdeckte Selim eine kleine Kochecke, eine Schlafstätte und eine Tür, hinter der er das Bad vermutete.

»Meine Arbeit und mein Leben«, sagte Arif, als er Selims staunenden Blick bemerkte, »ich fürchte, die Grenze dazwischen hat sich im Laufe der Jahre verflüchtigt. Ich bin noch dabei herauszufinden, ob das eine begrüßenswerte Sache ist oder nicht.« Er lächelte spitzbübisch, wie einer, der seinem Publikum eine aufregende Frage unterbreitet, die Antwort aber verweigert, obwohl er sie kennt.

Dann trat Arif vor die kleine Küchenzeile und setzte Tee auf. »Was du in die Violine hineingibst«, sagte er mit dem Rücken zu Selim, »bist du selbst. Ich möchte dir den ganzen Vortrag ersparen, dass du dieses Instrument nicht mit den Fingern, sondern mit dem Herzen spielen musst. Dass du den Raum für deine Entfaltung natürlich nicht in sterilen Tonzeichen findest, sondern in dem, was du mit deiner Violine zwischen den Noten machst. Doch du wirst herausfinden, dass die entscheidende Kraft tatsächlich nicht aus der Geige, sondern aus dir selbst kommt. Und deshalb ist deine eigene Zusammensetzung das eigentliche Geheimnis.«

»Meine Zusammensetzung?«

»Die Sternenkonstellation deines inneren Universums, Junge. Das Rezept deiner Persönlichkeit. Wir können an den Violinen herumhobeln und sägen, soviel wir wollen, damit verbessern wir nur den Klang. Aber die Musik, die kommt aus dir selbst. Was in dir auf welche Weise ineinanderwirkt. Denn es ist ja gerade das Ergebnis dieses Prozesses, den du dann in die Violine gibst. Deine innere Orchestrierung.«

Für einen Moment stand Selim da, angestrengt die Stirn runzelnd, und verstand nicht, was der alte Geigenbauer genau meinte.

Einen Atemzug später wusste er es. Hinter ihm öffnete sich erneut die Eingangstür, und als er sich umsah, stimmte sein inneres Orchester plötzlich einen wilden, schwindelerregenden Walzer an. Dass das Orchester in seinem Innern war, bedeutete offenbar nicht zwangsläufig, dass ihm die Rolle des Dirigenten zugestanden wurde, denn die Musik brach einfach los – ohne Zeit auf eine behutsame Einleitung zu verschwenden, ohne dass er den Einsatz gegeben hatte und ohne dass er zuvor einen Blick auf die Partitur hätte werfen können. Die planlosen Drehungen des Walzers erzeugten in seinem Bauch ein wundersames Gefühl, als wenn er zu lange in einem Karussell gesessen hätte, jämmerlich trunken und doch gar nicht so übel.

Das Geschöpf stand im Türrahmen und hatte sich in Selims Blick verfangen, noch bevor es nach Arif Ausschau halten konnte. Das Gesicht, unverschleiert und von kurzen, schwarzen Haaren umrahmt, hatte den Flaum eines Mädchens bereits abgelegt, die flüggen Züge einer erwachsenen Frau aber noch nicht ganz ausgeformt. Sie war so zart, dass ihr Wesen unmöglich ganz darin Platz finden konnte, weshalb es aus ihr hervortrat und sich offen, aber ungeschützt darbot. In den langen Armen hielt sie eine große Papiertüte mit Einkäufen.

»Ich bin es«, sagte sie.

»Ja«, murmelte Selim verwirrt, »ohne Zweifel.«

Es war nicht auszuschließen, dass sie mit Arif gesprochen hatte, aber sie blickte immer noch Selim an. Einige schweigsame Sekunden, in denen sie nicht widersprach, verstrichen.

»Selim, das ist Miriam«, hörte er Arif aus der Ferne.

Er blickte weiter in ihr Gesicht. So, wie hinter Tönen und Geräuschen eine verborgene Ebene lag, wirkte auch etwas hinter ihrem Äußeren. Etwas, das sich noch nicht entblättert hatte, aber bereits in ihr war und sich bald entfalten würde.

Außergewöhnlich schön fand er sie nicht.

Aber sie war das Schönste, das er je gefühlt hatte.

12. Satz
Addolorato

»Besser vermag ich es nicht zu beschreiben«, sagt Selim. »Das Schönste, das ich je gefühlt habe. Nichtsahnend stand ich da, während sich hinter mir eine Tür öffnete, und als ich mich umwandte, nahm auch mein Leben eine Wendung. Weil sich plötzlich viel mehr auftat als nur eine Tür.«

Selim erhebt sich, tritt an das offene Fenster und blickt in die Gärten und auf die Straße, die sich durch sie hindurchzieht. Am Wegesrand stehen Anwohner in kleinen Gruppen, fügen mit Worten und Gesten die Welt zusammen und nehmen sie misstrauisch gleich wieder auseinander. Andere hocken in einem der Gärten auf Schemeln und schälen Gemüse. Ein Stück die Straße hinunter bolzen ein paar Jungen einen maroden Fußball zu Tode. Ein Alltag, der nichts zu verstecken hat und alle einlädt, daran teilzunehmen, denkt Selim; Leben, das sich ganz offen unter freiem Himmel abspielt und jeden zum Zeugen macht – wer glaubte, Syrakesh habe eine Art natürliche Affinität zum Totalitären, der war vielleicht nur noch nie in Zeiten von Normalität über eine seiner Straßen gegangen.

»Miriam und ihre Eltern hatten jahrelang gleich neben Arif gewohnt«, fährt Selim schließlich fort. »Und obwohl sie inzwischen in einem anderen Viertel lebte, kam sie noch immer regelmäßig vorbei, machte für Arif Behördengänge, holte Pakete von der Post ab, reichte Materialbestellungen weiter oder erledigte Einkäufe. Vielleicht habe ich mich auch ein bisschen in die Einkaufstüte verliebt, die sie in den Armen trug, denn schließlich war sie nicht nur voller Lebensmittel, sondern auch angefüllt mit Geschichten über Hilfsbereitschaft und Freundlichkeit.«

Selim lässt seinen Blick über die Bodenkissen gleiten, auf denen er die letzten Nächte verbracht hat, und wendet sich schließlich Ibrahim zu. »Miriam anzusehen, das ist für mich ein bisschen so, als würde ich Musiknoten studieren: Während man sie anschaut, wird man ihrer Musik gewahr.«

»Verstehe«, nickt Ibrahim und zieht an der Shisha.

»Was in Miriam klingt und in mir so tiefe Gefühle erzeugt, blieb mir allerdings ein Geheimnis«, lächelt Selim. »Ich habe auch nicht besonders gründlich versucht, es zu erforschen.«

»Warum auch?«, sagt der Schäfer. »Was Tiefe hat, wird für die Liebe wohl die angemessene Bodenlosigkeit mitbringen.« Für einen Moment scheinen Ibrahims Augen in der Vergangenheit nach irgendetwas zu suchen.

»Woran denkst du?«, fragt Selim.

»An Malika. Meine Frau. Bis vor drei Jahren.«

»Hat sie auch Schafe gehütet?«

»Ja, in gewisser Hinsicht«, sagt Ibrahim und lächelt. »Sie hat manchmal drüben in der Stadt an der Schule ausgeholfen. Lehrer sind knapp, weißt du? Als Unterricht plötzlich mehr mit Formung als mit Bildung zu tun hatte, wollte keiner mehr diesen Beruf ergreifen. Also haben sie Malika aus dem Ruhestand geholt, zwei Tage die Woche.«

»Was ist geschehen?«

»Nun, Malika fand Bildung wichtiger als Formung.«

Wieder zieht Ibrahim an der Shisha und bläst einen weißen Geist in die Luft, aber diesmal sieht er lange dabei zu, wie er unsichtbar wird.

»Sie sind nicht verloren«, flüstert Selim nach einer Weile.

»Hm?«, fragt Ibrahim und wendet den Blick wieder seinem Gast zu.

Der Mann aus der Wüste deutet an die Zimmerdecke. »Die Schwadenwesen. Du kannst sie nur deshalb nicht mehr sehen, weil sie sich ausgedehnt haben und nun den ganzen Raum erfüllen.«

Der Schäfer lächelt wieder. »Ich danke dir«, sagt er dann. »Vermutlich hast du recht.«

Selim blickt aus dem Fenster. »Ganz sicher«, sagt er.

»Deine Miriam«, vermutet Ibrahim, »bestimmt hast du sie bald wiedergesehen?«

13. Satz
Armonioso

Sie saß am Ufer auf einer Decke im Gras und blickte über den Fluss hinweg auf Silshanas Silhouette, deren Kirchtürme, Moscheen und Minarette im letzten Licht des Tages noch nicht von Scheinwerfern angestrahlt wurden und dennoch ihren Gläubigen den Weg leuchteten.

Miriam hatte ihn noch nicht bemerkt, und so blieb Selim stehen und beobachtete, wie sie dort hockte und die Stadt ansah. Sie hatte die Beine angewinkelt, ihre Arme um sie herumgelegt und das Kinn auf ihre Knie gestützt. Langsam ließ er seinen Blick über das Profil ihres Gesichts gleiten, ihre leicht geöffneten Lippen und diese Augen, die gerade so intensiv die Umrisse der Stadt betrachteten. Ihr Blick war entrückt, wie auf einer Erkundungsreise, vollkommen vertieft in den Anblick Silshanas und des Flusses, und Selim atmete erleichtert auf, denn es war ein Wagnis gewesen, sich hier mit ihr zu treffen. Abend für Abend saßen die Paare am Ufer, aber manche empfanden diesen Ort als kitschig. Nicht weit entfernt vereinten sich zwei Wasserläufe zum Fluss des Zusammenklangs, der aufgrund einer Legende zum Treffpunkt für Verliebte geworden war. Es hieß, in Zeiten deutlich strengerer Konventionen hätten ein Mädchen und ein Junge einander so heftig begehrt, dass schließlich die Stadtoberen ein Kontaktverbot verfügt hatten. Das Mädchen und der Junge aber hatten sich in zwei Bäche verwandelt, die zu einem Fluss verschmolzen waren, damit nichts und niemand mehr sie im weiteren Verlauf ihres Weges voneinander trennen konnte.

Selim setzte sich wieder in Bewegung, und Miriam wandte ihm ihr Gesicht zu. »Da bist du ja«, sagte sie und lächelte ihn an. Als er sich neben sie setzte, berührten sich kurz ihre Schultern. Sofort erklang sein inneres Orchester und vermischte sich mit der Melodie des Kanuns, einer orientalischen Brettzither, die irgendjemand in der Nähe spielte.

Miriams Lippen waren noch immer nicht verschlossen, gerade so, als warteten sie auf seinen Kuss. Die Musik in seinem Innern verwandelte sich in eine sinfonische Dichtung, in der diese Lippen deshalb leicht geöffnet waren, weil sie gerade ein erregtes Keuchen entließen, ausgelöst durch eine zärtliche, aber verlangende Umarmung. Selim schloss kurz seine Augen, um sich zu sammeln. Ich sollte mich auf die Wirklichkeit konzentrieren, dachte er. »Die Moscheen«, sagte er also und zeigte auf Silshanas Silhouette, »warst du schon mal drin?«

»Natürlich. Im Inneren liegt schließlich ihre wahre Pracht. Wieso fragst du?«

»Dein Vorname. Du bist keine Muslimin, oder?«

Miriam lächelte. »Christin«, antwortete sie.

»Kennst du Arifs Ansichten über den Zusammenklang der Religionen unseres Landes? Er sagt, eine Violine besteht aus verschiedenen Holzarten, und trotzdem erzeugt sie sehr harmonische Melodien.«

Miriams Lächeln wurde breiter, und ihre Lippen öffneten sich noch ein bisschen mehr. »Du trägst da eine ziemlich große Leidenschaft in dir, nicht?«

Oh nein, dachte er, doch schon brauste seine innere Musik wieder auf, so intensiv, dass er spürte, wie sein Arm zuckte und sich in Miriams Richtung zu bewegen drohte, vermutlich, um sie einfach an sich heranzuziehen.

»Leidenschaft? Was meinst du?«, fragte er verwirrt.

»Na, die Violine«, antwortete sie. »Die Musik.«

Selim blickte auf den Fluss. »Musik«, sagte er genussvoll. »Weißt du, warum ich sie so mag?«

»Warum?«

»Weil sie so tief in uns vordringt. Und dort drinnen etwas in Schwingungen versetzt.« Er fasste seinen Mut zusammen, um ihr in die Augen zu sehen, während er seinen Gedanken vollendete. »So wie Liebe.«

Miriam schwieg, und statt eines Lächelns stand plötzlich ein Ausdruck fassungsloser Zuneigung in ihrem Gesicht. Selim hielt ihrem Blick stand, solange er konnte. Dann studierte er verlegen das Flussufer. Für eine Weile sagten sie nichts, aber er spürte, dass in Miriam das Gleiche vorging wie in ihm, gerade als ob ihre und seine Sinne Teil ein und derselben, vibrierenden Saite wären.

»Es gibt da eine ganz besondere Art von Tönen bei der Violine«, sagte er schließlich leise. »Sie sind sehr hoch und klingen fast wie von einer Flöte. Man erzeugt sie, indem man seinen Finger nur leicht auf die Saite legt.«

»Das heißt?«

»Das heißt, dass man die Saite nicht abklemmt. Dass beide Hälften vor und hinter dem Finger noch schwingen können. Und einen gemeinsamen Ton erzeugen.«

Ich sollte dringend erwachsen werden, dachte er, und nicht mehr so komische Sachen sagen. Doch dann fühlte er ihre Hand auf seiner Schulter, aber er traute sich nicht, Miriam anzusehen. Also blickten sie zusammen auf Silshana und auf das Ufer. Offenbar wirkten ihre gemeinsamen Vibrationen bis in den Fluss hinein, denn über die Wasseroberfläche glitten kleine Wellen. Selim bekam Lust, größere in Bewegung zu versetzen.

»Hast du Lust?«, unterbrach er schließlich die Stille.

»Klar«, sagte sie. »Worauf?«

Er musste zunächst ein weiteres Mal seinen inneren Sturm besänftigen, bevor er weitersprechen konnte. »Das Meer. Lass uns morgen an den Strand gehen.«

14. Satz
Moderato

Der Schaum des Pazifischen Ozeans rauschte auf großen Wellen heran und schwand am Strand dahin wie ein Traum, der bereits zu einem tatkräftigen Streben angeschwollen war und dann doch im Sande verlief. Milliarden Schaumbläschen, die zugrunde gingen wie all die zerplatzenden Seifenblasen menschlichen Wollens. Aber nichts hätte die Wogen davon abhalten können, es wieder und wieder zu versuchen und mit dünnen, feuchten Schlieren die Botschaft in den Sand zu schreiben, dass selbst geplatzte Träume ihre Spuren hinterließen und nie ganz verloren waren.

Ohnehin war der Strand wie ein Notizblock, auf dem die Schöpfung ihre Anmerkungen machte. Die Fährten von Möwen, Seeschwalben, Albatrossen und Kormoranen mischten sich mit denen der Sandlaufkäfer, Krebse, Menschen und den Landespuren angeschwemmter Muscheln. Ein Spülsaum aus Seetang zog sich durch den Sand wie ein grüner Pfad aus Leben. Den Strand begrenzte ein dichter Gürtel aus Palmen und den Büschen des Küstenturbans, der nur in Syrakesh wuchs und seinen Namen den Verschlingungen des dicken Stammes und den in allen Farben schimmernden Blüten zu verdanken hat. Der Legende nach waren vor Jahrhunderten ein paar verirrte Piraten an den Strand von Syrakesh gespült worden, und nachdem die Bewohner der nahegelegenen Küstendörfer die Angriffslust der Schiffbrüchigen in liebenswürdiger Gastfreundschaft erstickt hatten, waren sie schließlich lammfromm in ihrem reparierten Schiff wieder davongesegelt und hatten in ihrer neuentdeckten Dankbarkeit einen Turban voller Edelsteine am Strand zurückgelassen. Eine Halskette aus den Blüten des Küstenturbans galt in Syrakeshs Volksglauben als so schmückend wie eine aus Juwelen.

Im Licht der Mittagssonne schimmerte der Sand besonders hell. Nicht weit von Miriam und Selim entfernt torkelte ein großer Blaufußtölpel über den Strand und wartete auf einen Windstoß, um sich mit Anlauf hineinwerfen und abheben zu können. Ein paar Austernfischer staksten umher und stießen ihre Schnäbel ins Watt. Der Ozean trug den Geschmack von Salz und den Traum vom Reisen an die Küste.

An einem kleinen Stand hatten sie sich zwei Kokosnusshälften gekauft, und nun pickten sie mit hölzernen Zahnstochern das gewürfelte Fleisch heraus. Sie wanderten direkt am Wasser entlang. Aber weil Miriam so dicht neben ihm ging, nahm Selim nur noch das Rauschen seiner inneren Brandung wahr. Immer wenn sich ihre Arme streiften, rollte eine neue Welle aus Gefühlen heran. Er hätte gern seinen Arm um ihre Schultern gelegt und gespürt, wie sie sich beim Gehen bewegte. Oder zumindest seine Hand über ihren Rücken gleiten lassen, um seinen Empfindungen Ausdruck zu verleihen. Er überlegte, ob er einfach seine Finger zwischen ihre schieben sollte. Vielleicht könnte er sogar ihr Gesicht in seine Hände nehmen und ihre Lippen küssen und spüren, wie sie plötzlich innehielt. Oder sie nur an sich heranziehen und sie ansehen, ihr die widerspenstigen Haarsträhnen aus der Stirn streichen und ihre Nase mit seiner berühren. Sie könnten für eine Weile einfach so dastehen, Auge in Auge und Nase an Nase, und der Wind würde um sie herumwehen und die Möwen weiter schimpfen, und schließlich würde der Ozean sanft ihre Waden umspielen, und wenn Miriam dann plötzlich lächelte, müsste er ebenfalls lächeln.

Doch selbst in Syrakesh war die Toleranz, die man Berührungen in der Öffentlichkeit oder zwischen Unverheirateten entgegenbrachte, nicht grenzenlos. Und so flüchteten Bedürfnisse, die sich durch nichts in der Welt vernichten ließen, in die Verborgenheit. Er könnte Miriam weiter den Strand hinaufbringen und sich mit ihr unter den Palmen in den Sand legen, mit einem Stück Kokosnuss ein paar Spuren auf ihrer Haut hinterlassen oder, besser noch, in ihrem Innern. Sich gewissermaßen in ihr festschreiben. Vielleicht würde er eine Blüte vom Küstenturban abpflücken und ihr in einer romantischen Geste ins Haar schieben, und Miriam würde ihn gewähren lassen, weil sie hinter dem Pathos seine Leidenschaft für sie erspürte. Es würde ihm auch gefallen, sie huckepack zu nehmen und sie so über den Strand zu tragen. Das taten schließlich viele Liebespaare in Filmen und Romanen, und er ahnte, warum. Dann könnte er nämlich fühlen, wie sie ihren Kopf an seinen legte und ihre Wangen sich berührten.

»Findest du es kitschig, wenn Verliebte ein Herz in den Sand malen?«, fragte Miriam.

Manche reden im Schlaf, dachte Selim, aber ich rede vielleicht, während ich tagträume. »Ein wenig«, antwortete er.

»Ein wenig?«

»Ein wenig kitschig und ein wenig traurig. Denn irgendwann kommt die Flut und zerstört das Herz.«

»Vielleicht auch nicht.«

»Nicht?«

»Wer weiß? Vielleicht nimmt sie es nur mit sich und bewahrt es auf.«

»Im Salz ist es wohl gut konserviert«, gab er zu und spießte seinen letzten Kokoswürfel auf. »Meinst du, das Meer bewahrt die Liebe?«

»Natürlich. Es ist voll davon. Wie sonst könnte es eine schwere Last wie einen Ozeandampfer tragen?«

Er lächelte und hielt ihr mutig das Kokosstück an den Mund. Als sie ihre Lippen öffnete und es annahm, war ihm, als habe er ihr in diesem Moment eine wortlose Frage gestellt und eine sehr befriedigende Antwort bekommen.

Sie näherten sich den maroden Wellblechhütten, die hier seit geraumer Zeit am Rande des Grüngürtels standen. Spärlich bekleidete Kinder saßen auf einem Platz im Sand und spielten mit leeren Getränkedosen und einem alten Autoreifen. Über dem Feuer in einer verrosteten Tonne grillten zwei Männer tote Fische, die der Ozean angeschwemmt hatte. Am Strand streunten ein paar Hunde umher und durchsuchten den Spülsaum. Irgendwo plärrte ein Radio mit schlechtem Empfang ein altes Volkslied.

»Die Kolonie«, sagte Selim.

»Kolonie?«, fragte Miriam. »Ich glaube, du liest die falschen Zeitungen, um Silshana und seine Umgebung kennenzulernen.«

»Wieso?«

»Sieh genau hin. Das ist keine Kolonie, das ist ein Slum. In der *Morgenröte* stand, dass hier in Wirklichkeit keine Aussteiger leben, sondern die, denen nichts mehr geblieben ist.« Sie deutete auf die beiden Männer vor der Feuertonne. »Außer vielleicht ein paar toten Fischen.«

»Das wusste ich nicht«, sagte Selim betroffen. »Ich hab gelesen, dass sich hier Menschen niedergelassen haben, die ein naturnahes Leben dem in Silshana vorziehen. Und dass die Regierung sie gnädig gewähren lässt.«

»Ja«, erwiderte Miriam. »Weil sie hier so herrlich versteckt sind und nicht das Bild der Hauptstadt stören.«

Sie gingen weiter, vorbei an den Wellblechbehausungen und ihren Bewohnern, und schließlich lag wieder der unberührte Strand vor ihnen.

»Schön ist es hier«, sagte Selim.

15. Satz
Ruvido

»Blind vor Liebe haben wir die meiste Zeit verdrängt, was um uns herum geschah«, sagt Selim. »Natürlich war sowohl mir als auch Miriam dieser schleichende Prozess nicht entgangen, der Syrakesh und seine Strukturen über die Jahre verändert hat. Ich glaube, jedes Kind hat mitbekommen, wie die soziale Gerechtigkeit immer mehr auf der Strecke blieb. Wie die Reichen immer mächtiger wurden. Aber dass die Situation sich auf eine Machtübernahme zuspitzte, während wir uns kennenlernten, haben wir kaum registriert. Für Miriam und mich waren es glückliche Tage, doch für Syrakesh waren sie eine Katastrophe.«

»Das war auch für die halbe Welt eine Katastrophe: Ein arabisches Land stürzt in eine Diktatur – und der Islam trägt gar keine Schuld daran.« Ibrahim lacht sarkastisch. »Sondern die gleiche Gier, die auch in Europa und Amerika so viel zerstört. Nicht das Schreckgespenst einer fremden Religion, sondern das eines sehr vertrauten Problems.«

Für eine Weile beobachtet Selim den Zeitungsjungen, der draußen vor seinem Mofa steht und dessen Gesicht von Zufriedenheit geprägt ist, weil er die Ausgabe der *Morgenröte* in letzter Zeit nicht nur anbietet, sondern tatsächlich auch verkauft, so wie es vor der Diktatur einmal gewesen war. Über dem Jungen wölbt sich eine schützende Baumkrone, in deren Schatten Menschen stehen und die neuesten Meldungen ebenso einer ersten neugierigen Prüfung unterziehen wie die ergänzenden Ansichten der Nachbarn. Seit sich das Leben wieder ungenierter auf der Straße entfalten kann, entblättern sich auch die Meinungen wieder öffentlicher. Und weil deshalb für Ausschmückungen jeder Art nun ebenfalls wieder mehr Platz ist, kehrt auf Syrakeshs Straßen plötzlich die arabische Kunst des Geschichtenerzählens zurück. Mit einem Feuerwerk an mannigfaltigen Sichtweisen vermag sie Syrakeshs Wirklichkeit so mühelos anzureichern, dass dieser wohl eine gehörige Lust auf Meinungsvielfalt innewohnen musste. Wo um Preise gefeilscht wurde, wollte man auch um Werte feilschen.

»Selim?«

»Hm?«

»Ein paar Jungs aus dem Dorf hüten meine Schafe. Ich würde sie gerne ablösen, damit sie vor Einbruch der Dunkelheit nach Hause können. Magst du mitkommen und mir Gesellschaft leisten? Wir könnten heißen Tee und Datteln mitnehmen und ein Lagerfeuer entzünden, und du erzählst mir, was damals als Nächstes geschah.«

Selim wendet seinen Blick vom Fenster. »Dann lass uns hinausgehen und auf die Nacht warten. Sie ist die passende Kulisse für das nächste Kapitel von Miriams und meiner Geschichte.«

16. Satz
Furioso

Bei Nacht funkelte Silshana, als sei es mit Schmuck aus Licht behangen. An vielen Geschäftsfassaden brannten in Mauernischen eingelassene Ölfunzeln, und farbige Lampions aus Glas oder Papier baumelten in den Bäumen der großen Alleen. Enge Ladenstraßen waren mit zwiebelförmigen Bögen überspannt, von denen bleiverglaste Lampen herabhingen. In manchen Wänden steckten wie zu uralten Zeiten Fackeln, deren Feuer allerdings durch versteckte Gasleitungen genährt wurden. Scheinwerfer leuchteten die großen Moscheen bunt aus, die Minarette strahlten in weißem Licht. Auf den Plätzen saßen vor flackernden Feuerschalen die Jugendlichen, und wie ihr Spiegelbild im Mikrokosmos hockten die Leuchtkäfer in den Büschen und morsten ebenfalls sexuelle Lichtsignale ans andere Geschlecht. In den Gassen loderten die offenen Grillflammen der Straßenküchen und füllten die Luft mit gelben, durch den Qualm geisternden Feuerschemen.

Die Gassen waren das Viertel, wo die Herzen der Händler praller gefüllt waren als ihre Geldbeutel. Wenn man auf einen lukullischen Abend in gelebter Gastlichkeit aus war, kam man hierher und achtete darauf, die Freigiebigkeit der Wirte nicht zu missbrauchen. Hier wurde der Kunde wie ein König behandelt, aber er tat gut daran, sich nicht wie einer aufzuführen. Wer das beherzigte, kam in den Gassen zu Reichtum, obwohl er sein weniges Geld dort ließ.

Es war schon spät, als Miriam und Selim aus der kleinen Teestube traten, und in den Duft gegrillter Speisen mischte sich bereits der Geruch verglühter Holzkohle.

»Lass uns zur alten Zisterne gehen und nachsehen, ob sie noch geöffnet ist«, schlug Selim vor. Sie schlenderten auf Pfaden, die wirr und verwinkelt waren wie ein Lebensweg in seinen unübersichtlichen Momenten. Die Städteplaner der alten Zeit hatten den mächtigen Bäumen so viel Achtung entgegengebracht, dass sie die Gassen und Häuser einfach um sie herum gelegt hatten, und die spontan sich um Stämme windenden Wege und Mauerwerke machten das Viertel selbst für die Alteingesessenen zu einem Abenteuer. An einigen Stellen standen die Häuserwände so dicht beisammen, als bewegten sie sich seit Jahrhunderten klammheimlich aufeinander zu, um die Menschen dazwischen näher zusammenzubringen.

Die Zisterne, in der früher über ein weitläufiges Leitungsnetz aus dem gesamten Gassenviertel Regen als Löschwasser gesammelt worden war, diente nun als abendliche Wandelhalle. Über eine schmale Betontreppe gelangte man in die unterirdischen Gewölbe.

»Wir sind eingeladen«, sagte Miriam und deutete auf das geöffnete Eingangsgitter. Sie traten in die Hallen, in denen sich mehr Leben regte, als man unter der Erde erwarten würde. Die Paare, die sich gewöhnlich am frühen Abend hier einfanden und zur Musik aus ihren Kopfhörern Walzer um die Pfeiler tanzten, waren um diese Zeit bereits verschwunden. Aber noch immer wandelten einige Nachtschwärmer zwischen den gigantischen Säulen, die über und über mit Gedichten in arabischer Kalligrafie bepinselt waren und mit Strahlern ins rechte Licht gesetzt wurden. Unterhalb der Decke ragten Hunderte von Austrittsrohren aus den Wänden, doch ihre Eingänge überall im Viertel waren längst verschlossen worden, und so lagen die leeren Röhren unter den Straßen wie tote Orgelpfeifen.

Während sie an der emporragenden Säulenlyrik vorbeigingen, spürte Selim eine ganz eigene Art poetischer Wallungen in sich aufsteigen. Gedichte, die sich nicht von Versen nährten, sondern von Ausschweifungen und Fantasien, und die viel verwegener waren als alles, was die Künstler auf den Pfeilern in Worte zu fassen gewagt hatten. Zeilen, die sich am Ende immer reimten, weil sie nicht aus Silben, sondern aus wohligen Seufzern zusammengefügt waren. Zwei Strophen, aber nur eine Geschichte. Zwei Körper, aber nur eine Bewegung. Ein aufregendes Gemisch aus feinsinniger Zurückhaltung und archaischer Ungezügeltheit. Und die Muse, die diesen Lyriksturm in ihm entfesselte, ging direkt neben ihm.

In einem abgelegenen Winkel der Zisterne, wo niemand sie sehen konnte, schob Selim Miriam sanft gegen eine Säule.

»Was wird das?«, fragte sie lächelnd und zog ihn an sich.

»Ein neues Gedicht«, sagte er und küsste sie.

Miriam lächelte weiter, während sie ihre Lippen an seinen Mund schmiegte, und als sie einladend ihren Körper an seinem bewegte, spürte er, dass er dieses Gedicht vielleicht zu einem Epos ausweiten könnte, denn von ihren Lippen schien irgendeine inspirierende Tinktur in sein Inneres hineinzuströmen. Als er sie noch ein wenig fester gegen die Säule drückte, glitt ihr ein kaum hörbares Keuchen direkt in den Kuss hinein, eines jener Geräusche mit einer verborgenen Ebene, und Selim vernahm darin eine ihm bislang unbekannte Variante von Atemlosigkeit. Er fühlte, dass es eben diese von der Leidenschaft eingebrachte unterschwellige Schwingung war, die ihn nun animierte, Gedanken in Taten umzusetzen, den Damm zwischen seinem Innern und der Realität aufzubrechen, all die angestauten Fantasiebilder in die Wirklichkeit hineinsprudeln zu lassen und …

»Wir schließen«, drang eine fremde Stimme aus eben dieser Wirklichkeit an sein Ohr, und anscheinend meinte sie nicht den Damm in Selim, sondern die Eingangsgitter der Zisterne.

»Schade«, flüsterte Miriam, »wir waren gerade dabei, uns zu öffnen«, und er ließ leise lachend von ihr ab, und als er seinen Kopf zurückzog, sah er, dass direkt hinter Miriam ein Auszug aus einem der bekanntesten Gedichte Syrakeshs an die Säule geschrieben war.

»Was reglos scheint«, stand dort in schwungvoller Kalligrafie, »hebt vielleicht die Welt aus den Angeln.«

17. Satz
Dolce

Inzwischen stehen die Sterne über Maskhran, als ob Selim sie mit der Schilderung der nächtlichen Szene dorthin erzählt hätte oder die Gestirne von sich aus alles daransetzten, um seine Geschichte mit einer angemessenen Begleitmusik aus funkelnden Noten durch die Zeit zu tragen. Der Wüstensand in der Ferne sieht im Mondlicht aus wie Schnee, und in Maskhrans Silhouette schimmern die Lichtflecken in kleinen, schwebenden Fenstern. Aus dem Dorf klingen gedämpft jene Geräusche herüber, die entstehen, wenn Menschen den Tag zur Nacht umgestalten: das Klappern von Kochtöpfen in Spülbecken, sich schließende Türriegel und Fensterläden, Satzfetzen letzter Gespräche und Proteste von Kindern, die sich der Nacht nicht beugen wollen. Von außen wirkt Maskhrans Umriss im Dunkeln wie ein großes, gutmütiges Wesen, das sich zur Ruhe gelegt hat und leise schnaubend in den Schlaf sinkt.

Unter einem Baum steht der Esel und döst mit offenen Augen. Die Schafe bewegen sich grasend über die Wiese, und weil sie normalerweise um diese Zeit von der Weide getrieben werden, werfen sie ab und zu misstrauische Blicke in Richtung der beiden Männer am Lagerfeuer, als sei Geschenken grundsätzlich nicht zu trauen.

»Was reglos scheint«, flüstert Ibrahim, isst eine Dattel und starrt in die Flammen. »Ich kenne dieses Gedicht. Malika hat es lange an der Schule unterrichtet. Es gab eine Zeit, da kam kein Kind daran vorbei.«

»Ich bin sicher, dass es schon bald wieder gedruckt und in den Klassen gelesen werden wird«, sagt Selim. »Seine Buchstaben mögen sie im Reißwolf zerfetzt haben, aber seine Seele besteht auch ohne Buchstaben für immer weiter.«

»Da hast du sicher recht. Was für eine dämliche Vorstellung ist das eigentlich, dass man einen Gedanken aus der Welt schaffen könnte, indem man das Papier zerreißt, auf dem er geschrieben steht?«

»Oder dass man Liebe vernichten könnte, indem man jene auseinanderreißt, die sie in sich tragen«, ergänzt Selim.

Ibrahim hebt den Kopf, blickt erst in Selims nachdenkliche Augen und dann in den Horizont. Dies, denkt er, wäre genau der richtige Augenblick. Wie schön wäre es, wenn Miriam gerade jetzt dort hinten aus der Wüste käme. Aber ihren Platz nimmt nur ein kleiner, glitzernder Sandwirbel ein, der ein kurzes Stück durch das Mondlicht gleitet und dann leblos in sich zusammenfällt wie ein unerfüllter Wunsch.

»Was reglos scheint«, wiederholt Ibrahim schließlich, um das Gespräch wieder auf das Gedicht zurückzulenken, weg von den Geschichten, die die Wüste birgt. »Wie die Sterne dort. Sie wirken wie erstarrt, aber in Wahrheit bewegen sie sich immerzu.«

»Soll ich dir von Miriams Begegnung mit den Sternen erzählen?«, fragt Selim und lächelt.

18. Satz
Spirituoso

Es musste wohl sehr lange zurückliegen. Denn selbst die Mythologie des Landes, die jede blumige Erzählung, derer sie habhaft werden kann, liebevoll hegt und auch die kleinste Anekdote zu einer Geschichte von Größe heranzieht, vermag sich nur in einer einzigen Legende zu erinnern. An jenem Tag lag eine Frau, die Amina hieß, mitten in der Wüste von Syrakesh und weinte. Ein böser Dschinn hatte ihren Garten vernichtet, den sie über die Jahre angelegt hatte und der zum Quell ihres Glücks geworden war, und auf der Flucht war sie in der lebensfeindlichen Einöde gelandet.

Hier, wo sie hingefallen war und nicht wieder aufstand, rieselten aus ihren Taschen die letzten Samen, die sie aus ihrem Garten hatte retten können, wie gekörnte Erinnerungen in den Sand. Und wie immer, wenn in Geschichten Tränen auf vermeintlich unfruchtbaren Boden fallen, lockten jene von Amina eine kleine Ansammlung grüner Pflanzen aus der Saat hervor. Über die Jahrhunderte erwuchs daraus eine Oase, um die herum einige Beduinen schließlich die ersten Hütten errichteten. Dies, beteuert die Legende, war der Anfang von Syrakeshs Hauptstadt Silshana und ihrem Paradiesgarten Amina. Aber vielleicht wollten die Schöpfer dieser Sage auch nur den waghalsigen Schöpfungsmythen anderer Städte in nichts nachstehen.

Die märchenhafte Stimmung in Aminas Garten wurde der Legende jedoch gerecht, denn Silshanas Stadtpark war eine prachtvolle, grüne Oase im Großstadttrubel. Jahrhundertealte Bäume standen hier wie gigantische Pfeiler, die einen Raum zwischen Himmel und Erde abstützten, und die Grenze ins Wolkenreich wurde von den sanft hin und her gleitenden Fächern riesiger Palmen sorgfältig verwischt, wie um den Übergang zu erleichtern.

Tagsüber entfaltete sich unter den Baumkronen eine Welt aus Farben und Gerüchen. Zwischen blühenden Büschen und Blumen hatten Gedichtehändler, Dattelverkäufer, Geschichtenerzähler, Kaffeebrüher, Teppichknüpfer und Vasenmaler ihre Stände aufgestellt. Den Handwerkern war der Garten ein Ort der Möglichkeiten, den Alten auf den Bänken ein Ort der Gemütsruhe und den frisch Verliebten ein Ort glückseliger Spaziergänge. Wege zogen sich durch die Anpflanzungen, manche schnurgerade, für jene, die gerne wussten, worauf sie sich einließen, andere kurvig und versteckt, für die Abenteurer. Über hölzerne Brücken überquerten die Pfade kleine Bäche, wie zwei Lebenswege, die einander kreuzten, ohne sich dabei wirklich zu berühren. Immerwährend flossen die Bäche in mehrere Teiche, die in den Wiesen lagen, ruhig und tiefsinnig als große Abbilder der Tränen ihrer mythologischen Mutter Amina.

Am Himmel standen schon die Sterne, während Miriam und Selim auf eine Parkbank glitten und sie sich mit einem wohligen Seufzen an ihn lehnte. Um diese Zeit hatten die Händler ihre Stände bereits abgebaut, und nur noch wenige Lustwandler schlenderten über die Wege oder saßen flüsternd an einem der Teiche. An den Ufern quakten Frösche, und ein paar Grillen hockten zwischen den Gräsern und zirpten. In den Duft gewaltiger Azaleensträucher mischten sich die Aromen von Zimt, Kreuzkümmel und Gewürznelken, eine kulinarische Fährte, die die Imbissverkäufer zurückgelassen hatten.

»Nimm ein paar Grillen als Streicher, Frösche als Posaunisten, Vögel als Flötenspieler und einen Specht als Trommler, und du hast das schönste Orchester der Welt«, sagte Selim. Miriam nickte und legte ihre Hand auf seine Brust. Dann seufzte sie wieder.

»Was ist?«, fragte Selim.

»Schön, dass wir uns begegnet sind. Das ist«, antwortete Miriam.

Er zog sie dichter an sich heran, spürte ihr Gesicht an seinem und versank darin. Auf rätselhafte Weise schien sich in den letzten Tagen die Knospe in ihrem Innern geöffnet zu haben und bis nach außen zu entfalten, und wenn er Miriam ansah, fand er ihre Schönheit in voller Blüte. Besonders, wenn er ihr Gesicht so dicht an seinem erblickte, verspürte er sofort das Verlangen, sie zu berühren. Doch er fühlte, dass da noch mehr auf ihn wirkte, etwas, das er nicht ergründen konnte. Eigentlich empfand er Seelenverwandtschaft als eine ziemlich verklärte romantische Illusion. Eine Erfindung von denen, die sich Luftschlösser bauten, um jenen Träumen ein Zuhause zu geben, deren Verortung in der Wirklichkeit sie klammheimlich schon aufgegeben hatten.

Aber Miriam und er – da steckte etwas tief in ihnen, und die einzige Beschreibung, die dies seiner Meinung nach annähernd zutreffend wiedergab, lautete innerer Einklang.

Miriam schob ihre Hand in seinen Nacken und zog ihn heran. »Ich habe dich in mir aufgenommen und werde dich immer in mir tragen«, sagte sie, als habe sie wieder einmal seinen Gedanken gelauscht. Und wie ein Siegel, das den Satz für die Ewigkeit bewahren sollte, legten sich ihre Lippen an seine.

»Schmeckt nach mehr«, flüsterte er in einem Anflug von Kühnheit.

»Kannst du haben«, lächelte sie, und weil niemand sie sehen konnte, glitt sie in seinen Schoß und fädelte ihre langen Beine hinter ihm zwischen Banklehne und Sitzfläche hindurch. Sie umschloss ihn mit Armen und Schenkeln und senkte ihren Kopf, um ihn wieder zu küssen. Als sie ihr Becken sanft bewegte, vielleicht weil ihr gerade eine handfestere Idee in den Sinn gekommen war, auf welche Weise sie ihn noch in sich aufnehmen könnte, wurde ihm schwindelig. Vorsichtig, fast ungläubig, dass ihm dies widerfuhr, ließ er sich auf ihre Bewegungen ein und legte seine Arme auf ihren Rücken. Während Miriam ihren Unterleib verlangender an ihn schmiegte und sie mit einem leisen Keuchen das volle Ausmaß seiner Lust bemerkte, fuhren seine Hände in ihre Haare. Im Schutze der Dunkelheit zog Selim ihren Kopf zurück, um ihren Hals zu küssen. Miriams sachte treibende Bewegungen vernebelten ihm das Denken und belebten seine Sinne. Mit geschlossenen Augen fühlte er, wie ihre Finger über seine Lippen strichen. Lass uns nicht aufhören, dachte er, und lass uns nicht hier verweilen, sondern einen kleinen Schritt weitergehen, und dann noch einen, und dann noch einen. Verbarg die Nacht sie nicht sowieso? Niemand würde sie bemerken, selbst dann nicht, wenn er in der Nähe der Parkbank stünde.

»Guten Abend«, sagte jemand in der Nähe der Parkbank.

19. Satz
Doloroso

»Was ist?«, fragt Ibrahim, als Selim keine Anstalten macht, seine Erzählung fortzusetzen. »Wie geht es weiter? Und wo bleibt Miriams Begegnung mit den Sternen, die du mir versprochen hast?«

»Deine Schafe«, sagt Selim und lächelt spitzbübisch. »Müssen sie nicht längst zurück in den Stall?«

»Du bist ein grausamer Mann«, lacht Ibrahim. »Und nein, meine Schafe müssen nur in den Stall, wenn ich nicht bei ihnen sein kann.«

»Aber vielleicht bist du müde und möchtest gern nach Hause.«

»Keine Spur.«

»Durstig?«

»Wir haben viel Tee mit.«

»Aber nur wenige Datteln. Sicher bist du hungrig?«

»Ja. Hungrig nach dem Fortgang deines Erlebnisses mit Miriam auf der Parkbank.«

»Nun, wir könnten einfach ein paar Stunden hier sitzen und schweigen und darauf warten, dass dein Hunger sich irgendwie legt.«

Der Schäfer studiert irritiert Selims Gesicht. Doch dann erhellt sich Ibrahims Miene zu einem Lächeln, und er nickt langsam. »Ich verstehe«, sagt er.

»Manche Bedürfnisse«, fährt Selim fort, »verflüchtigen sich nicht einfach, wenn sie nur lange genug unterdrückt werden. Sie verstärken sich eher.« Er wendet sich dem Lagerfeuer zu und lässt ein dickes Holzscheit hineingleiten. Die Flammen schießen hoch und sprühen Funken, die in den Nachthimmel steigen und sich dort zwischen den Sternen verstecken.

Ibrahim räuspert sich leise. »Und damals in Aminas Garten, auf der Parkbank –?«

»Ja?«

»Wer hat euch da beim Stillen eures Hungers gestört?«

20. Satz
Adagio

Die alte Frau stand reglos vor ihnen und starrte sie an, bis ihnen mulmig wurde und Miriam schließlich aus Selims Schoß glitt und sich neben ihn auf die Parkbank setzte. »Verzeihung«, murmelte sie. Nicht, weil sie sich in aller Öffentlichkeit trunken in einer von Liebe und Lust modellierten Pose verloren hatten. Miriams Entschuldigung war an Selim gerichtet, der sich vertrauensvoll mit ihr einem mitreißenden Sinnesstrom ergeben hatte, welchen versiegen zu lassen eigentlich unverantwortlich war.

Die Alte reagierte nicht und sah sie nur weiter an. Ihr Gewand und ihr Kopftuch waren zerlumpt. Das Einzige an ihr, das sich um Kontaktaufnahme mit der Umwelt bemühte, waren ihr Blick und eine Kette mit einem schimmernden Medaillon. Es zeigte einen Stern, der gleichzeitig ein Auge war.

Schließlich machte sie eine ausladende Geste, die den gesamten Stadtpark umfasste. »Dies hier«, sagte sie langsam, »mag zwar Aminas Garten sein, und es braucht schon ein paar Jahre Erfahrung mit dem Leben, um herauszufinden, dass es nicht allein die Triebe sind, die einen Ort zum Paradiesgarten machen. Aber auch, wenn man jung ist, ist es nicht gänzlich undenkbar, seine Begierde dem Anstand zu unterwerfen.«

»Wir haben nur –«, setzte Selim an, aber die Alte unterbrach ihn: »Wenn ich es recht bedenke, ist es allerdings auch, wenn man *alt* ist, nicht gänzlich undenkbar, seine Begierde dem Anstand zu unterwerfen«, fuhr sie fort, und ihre Mundwinkel zuckten plötzlich. »Ich entschuldige mich also, dass ich euch so angestarrt habe und nicht einfach weitergegangen bin.« Dann lachte sie laut los, und Miriam und Selim blickten sich erst verwundert an, bevor sie erleichtert lächelten.

»Ich bin Jamila Isad Bint Nadschm. Und ich kann euch helfen, eure Zukunft nicht dort unten zwischen euren Lenden zu finden, sondern dort oben im Firmament. Denn ich bin eine Deuterin.«

»Eine was?«, fragte Selim.

»Eine Sternenleserin.« Sie zeigte auf ihr Medaillon wie auf einen Beweis.

»Dort oben steht unsere Zukunft?«, hakte Selim nach und blickte skeptisch in den nächtlichen Himmel. »Ich sehe nichts.«

»Nichts?«

»Außer vielleicht einer besorgniserregenden Menge Dunkelheit.«

»Mit unzähligen funkelnden Sternen dazwischen! Die vielen hellen Punkte da oben sind wie Blindenschrift«, antwortete die Deuterin. »Ihre Worte wollen nicht gesehen, sondern erfühlt werden.«

»Ich möchte meine Zukunft lieber selbst erfühlen«, knurrte Selim und legte seinen Arm um Miriam.

Jamila Isad Bint Nadschm nickte und wandte ihren Blick Miriam zu, die erst fragend Selim anschaute und, als dieser mit den Schultern zuckte, schließlich wieder die Deuterin ansah. »Ein Ausflug in die Zukunft kann vielleicht nicht schaden«, sagte sie.

Die Alte hob ihren Blick und ihre Arme in den Himmel und ließ ihre Hände mit einer leichten fühlenden Bewegung durch die Luft gleiten, als tasteten die Finger tatsächlich über die Sterne. Nach einer Weile hatte sie anscheinend die richtige Stelle im kosmischen Buch gefunden, denn sie schloss ihre Augen und konzentrierte sich angestrengt auf das, was ihre Hände aus dem Firmament herauslasen. Selim lächelte, aber Miriam verfolgte gebannt das Schauspiel.

»Sand«, sagte die Deuterin schließlich einfach.

Dann schwieg sie.

Miriam blickte stirnrunzelnd nach oben, als wollte sie sich selbst ein Bild von der Sache machen, dann sah sie wieder die Alte an.

»Sand?«, fragte sie, nachdem diese keinerlei Anstalten machte, noch mehr zu sagen. Jamila Isad Bint Nadschm senkte ihre Arme und öffnete die Augen.

»Mächtig viel Sand«, bestätigte sie.

»Der Kosmos ist wohl nicht sehr redselig«, vermutete Selim.

»Dein Schicksal findest du im Sand«, sagte die Alte nachdenklich und ignorierte Selim.

Miriam nickte. »Vielen Dank. Ich glaube, genauer möchte ich es ohnehin nicht wissen.«

Die Sternenleserin nickte und lächelte wieder. »Für eine andere Nachricht aus der Zukunft brauche ich allerdings keinen Blick in die Sterne. Ich bin deshalb eben stehen geblieben, weil euer Treiben von einer solchen Zuneigung durchdrungen war, dass ich einfach hinsehen musste – so viel Zuneigung, dass ihr sie unmöglich in der Gegenwart aufbrauchen könnt. Es wird eine unfassbare Menge davon für die Zukunft übrig bleiben.«

»Danke«, sagte Miriam.

Dann legte Jamila Isad Bint Nadschm ihre Hand auf ihr Herz, verbeugte sich kurz und ging davon.

»Hast du schon mal versucht, nach den Sternen zu greifen?«, fragte Miriam.

»Hab ich«, antwortete Selim leise und sah ihr direkt in die Augen. »Gerade eben, bevor diese Alte kam.«

21. Satz
Desolato

»In diesen Tagen«, erinnert sich Selim, »brach der letzte Verteidiger von Syrakeshs Freiheit zusammen. Und damit sollte sich auch für Miriam und mich alles ändern.«

»Was ist passiert?«

Selim starrt ins Feuer und nimmt einen Schluck Tee. »Erinnerst du dich, dass damals schon vor der Machtübernahme in fast allen Zeitungen und Zeitschriften dasselbe stand, weil die Verleger die Redaktionen zusammengelegt hatten, um bei den Gehältern der Journalisten einzusparen?«

»Ja. Das Geld floss wohl eher in die Verlags- als in die Redaktionsetagen. Selbstbedienung vom Feinsten. Mit kritischem Journalismus war es da schnell vorbei.«

»Stimmt genau. Und eben diese Medien waren dann auch am leichtesten für die Zwecke der Putschisten einzuspannen. Aber es gab eine Ausnahme.«

»Die *Morgenröte*.«

»Richtig. Bevor man sie zum zahnlosen Staatsorgan gemacht hat, war sie bekannt für ihre unabhängigen Berichte. Dass die Armen immer ärmer wurden und die Reichen immer reicher; dass mit immer größerem Selbstverständnis die einen arbeiteten und die anderen das Geld verdienten, ohne es verdient zu haben – so etwas stand auf einmal nur noch in der *Morgenröte*. Es gab bissige Kommentare darüber, dass die mit den höchsten Gehältern ausgerechnet jene waren, die außer Massenentlassungen keine einzige Idee vorzuweisen hatten. Die, die am wenigsten zum Gemeinwohl beitrugen. Millionenschwere Manager, die in den Arbeitslosen, die sie eigenhändig erzeugt hatten, das sahen, was sie eigentlich selbst waren: Sozialschmarotzer.«

»Die Diktatur der Betriebswirte«, sagt Ibrahim verbissen. »So hat die *Morgenröte* es genannt. Viele haben sich zu Recht gegen diese Pauschalisierung gewehrt, aber wahr ist wohl, dass gierige und überbezahlte Manager, deren Skrupellosigkeit immer mehr von der Wirtschaft in die Politik hinüberschwappte, Syrakesh in die Katastrophe geführt haben.«

»Und die *Morgenröte* hat es sich bis zuletzt nicht nehmen lassen, darüber zu berichten. Es war abzusehen, dass die Machtübernahme für sie Konsequenzen haben würde.« Selim seufzt. »Und damit auch für Miriam und mich.«

22. Satz
Doloroso

Selim hockte auf der Bank und blickte auf das mehrstöckige Gebäude. Hier also lebte Miriam mit ihrem Großvater, seit das Auto ihrer Eltern bei Rot über eine Kreuzung gefahren war. Hinter irgendeinem dieser vielen Fenster, von denen eines wie das andere aussah, hatte sie ihr Zimmer. Die Monotonie der Hausfassade ebnete die persönlichen Lebensgeschichten von dunklen Typen, strahlenden Lichtgestalten, wütenden Herzen und glücklich Verliebten zu einer glatten Fläche ein, hinter der es auf den ersten Blick nichts Individuelles mehr zu geben schien. Eine böse Täuschung, dachte Selim, und um sich der Wahrheit zu vergewissern, wandte er seinen Blick Miriam zu. Sie saß neben ihm auf der Bank, eine echte Persönlichkeit mit vielen, aus jeder Fassade hervorstechenden Eigenschaften, voller wilder Gefühle und voller Bewegung.

Bewegung war auch heute in ihr, aber Selim spürte, dass etwas Fremdes darin lag. Es war nicht jener unbekümmerte Überschwang, den er in den letzten Wochen in ihr gefühlt hatte. Nicht dieses Hinabstürzen in die Tiefe, das einen auf unerklärliche Weise dennoch auf den Gipfel brachte. Und was bisher aus ihr herausgeströmt war, schien heute wie von einem Strudel nach innen gezogen zu werden.

Schon den ganzen Tag über war sie schweigsam und in sich gekehrt gewesen. Er hatte sie auf den Markt geführt, aber was eine aufregende Entdeckungsreise zwischen Gewürzen, Kräutern, bunten Stoffen und atemberaubenden Düften hätte werden sollen, war ein merkwürdig schleppender Spaziergang durch eine Kulisse gewesen, die keinen Zugang zu Miriams Innerem gefunden hatte. Mehrmals hatte sie nur verzögert reagiert, wenn er etwas gesagt hatte, und nur selten hatte sie seinen Blick erwidert. Als er ihr an einem Stand eine Gewürzmischung aus Limette und Minze unter die Nase gehalten hatte, war sie mit einem mechanischen Nicken darüber hinweggegangen, als könnten die belebenden Gerüche dieser Welt sie nicht berühren. Wäre all dies nicht gewesen, hätte Selim sich darüber gefreut, dass Miriam ihn heute das erste Mal mit bis vor ihre Haustür genommen hatte. So aber saß er verunsichert neben ihr und ahnte nichts Gutes.

Er deutete auf den Wohnblock. »Also, hier wohnst du«, stellte er fest, sinnlos und leer, doch er hatte das Gefühl, etwas Unabwendbares hinauszögern zu müssen, indem er unverfängliche Dinge sagte.

»Ja«, erwiderte Miriam. »Seit zwei Jahren.«

»Zwei Jahre schon.« Er nickte anerkennend, als sei das aus irgendeinem Grund eine große Sache.

Sie schwieg. Etwas brodelte in ihr.

»Wo ist dein Fenster?«

»Im sechsten Stock, gleich links neben dem Treppenhaus.«

Er zählte sich die Etagen hinauf. Im Fenster war nichts Besonderes zu sehen. »Sehr schön«, sagte er.

Miriam zuckte mit den Schultern, und Selim blickte hilflos auf seine Hände. Sie lehnte sich vorsichtig an seine Seite.

»Dein Großvater kann sich glücklich schätzen, dass er dich hat«, fuhr er fort.

»Er hat nun einen Lebensabschnitt erreicht, in dem er immer mehr Zuwendung braucht.«

»So wie ich«, lächelte Selim. »Und darum kann auch ich mich glücklich schätzen, dass ich dich habe.«

Er spürte, wie ihre Schulter bebte. Endlich wandte sie ihm ihr Gesicht zu. Als er ihre Tränen sah, schob er seinen Arm zwischen Miriams Rücken und die Banklehne.

»Selim«, sagte sie, und das Sprechen fiel ihr schwer, »gestern wurde die Redaktion der *Morgenröte* gestürmt, und sie haben alle Redakteure inhaftiert, die gerade dort waren. Den Chefredakteur haben sie erschossen, nachdem es ihm gelungen war, das Adressverzeichnis mit den freien Autoren zu vernichten.«

»Woher weißt du davon?«, fragte Selim.

»Noch gestern hat uns die Ehefrau eines der festgenommenen Redakteure angerufen. Sie suchen nun insbesondere nach den politischen Autoren der letzten Jahre. Und sie werden kein Adressverzeichnis brauchen, um jeden Einzelnen davon zu finden.«

»Deinen Großvater?«

»Ja.« Sie versuchte, Luft zu holen. »Er war einer davon.«

Selim schluckte einen Kloß hinunter.

»Seine Kommentare hat er vor allem gegen die geschrieben, die gerade die Macht übernehmen. Verstehst du, was das bedeutet, Selim?«

»Ja. Das bedeutet, dass er so schnell wie möglich das Land verlassen muss.« Er wusste, das war nur die eine Hälfte der Wahrheit, aber er konnte sie nicht zu Ende formulieren.

Miriam stand auf. »Er ist alt, er ist schwach, und er spricht kein Wort englisch. Selim, bitte sag mir, was ich tun soll.«

Die andere Hälfte der Wahrheit war Schmerz.

23. Satz
Mesto

»Als sich die Haustür hinter ihr schloss, blieb ich noch eine Weile auf der Bank sitzen«, erinnert sich Selim, »und blickte zu ihrem Fenster hoch. Das Licht, das sie irgendwann einschaltete, war dann das Letzte, was ich von ihr sah. Sie flogen noch in der Nacht, und Miriam ließ Syrakesh hinter sich – und mich und die wenigen Wochen, die wir miteinander gehabt hatten.«

»Wohin sind sie geflüchtet?«

»Nach Wisconsin. Freunde von Miriams Großvater hatten in Milwaukee ein kleines Haus, in dem sie wohnen konnten.«

»Es tut mir leid, dass die Umstände euch der Zeit und aller Möglichkeiten beraubt haben«, sagt Ibrahim und hält Selim die Schüssel mit den Datteln hin, als wolle er ihm sein Mitgefühl in einer Schale hinüberreichen.

»Ja, so habe ich es damals auch empfunden. Wie einen Raub. Als ob die Vorsehung uns am Denkbaren kosten lassen wollte, nur um es uns dann doch vorzuenthalten. So wenige gemeinsame Erlebnisse hatten Miriam und ich miteinander, aber sie waren von solcher Intensität, dass sie ein sehr stabiles Fundament für mich zu sein schienen. Wo war die Zukunft, von der die Sternendeuterin gesprochen hatte? Wo war plötzlich das Paradies, in dem sich all unsere Zuneigung hätte entfalten sollen?«

»Raum für Entfaltung wurde damals für viele von uns schnell ein knappes Gut«, sagt Ibrahim.

»Sehr schnell. Mein Plan, die Ausbildung bei Arif zu beenden und dann Miriam zu folgen, wurde von einem Tag auf den anderen zunichtegemacht, als bereits kurz nach Miriams Flucht das Ausreiseverbot verhängt wurde.«

»Aber wie es scheint, blieb ein Teil von ihr bei dir.«

Selim nickt. »Arif war wirklich ein Prachtkerl und mir eine große Stütze. Er nahm das, was zwischen Miriam und mir geschehen war, sehr ernst und gab ihm gefühlvoll Raum in unseren Gesprächen und in seinem Zuhören. Auch er litt unter den neuen Zuständen in Syrakesh, und manchmal saß er lange da und grübelte vor sich hin. Und dann, eines Tages, hatte er eine Eingebung, die alles veränderte.«

»Eine Eingebung?«

»Ja, es war nur eine seiner kleinen, philosophischen Gedankenreisen. Aber sie setzte Dinge in Bewegung, die Arifs Schicksal bestimmen sollten.«

Selim sieht ein paar Atemzüge lang den Flammen des Lagerfeuers beim Tanzen zu.

»Meines übrigens auch«, sagt er dann.

24. Satz
Mosso

Arif lag unter dem Baldachin auf den Kissen und starrte nach oben. Seine Lippen formten lautlose Worte. Hinter seiner Stirn schien eine Erkenntnis Gestalt anzunehmen.

»Arif?«, fragte Selim leise und legte seine Finger auf den Handrücken seines Lehrers, doch der blickte weiter auf den Himmel aus Stoff, der sich über ihm wölbte.

»Syrakesh, Perle im Pazifik, Paradies im Herzen«, murmelte er gedankenverloren eine Zeile aus der Nationalhymne. Und dann lächelte er. »Selim!«

»Ja?«

»Neu-Kytheria.«

»Was?«

Arif drehte den Kopf und blickte Selim an. »So haben die Franzosen Tahiti genannt, als sie dort an Land gingen. Kytheria war die Insel von Aphrodite, der Göttin der Liebe. In der prachtvollen, blühenden Welt Tahitis lag wohl irgendeine geheimnisvolle Magie verborgen, die sich der französischen Entdecker bemächtigte. Als sie auf die Eingeborenen trafen, glaubten sie überall Nymphen zu sehen und Männer, die wie Götter waren. In einer opulenten Landschaft schien eine sexuell freizügige Gesellschaft zu leben, die den Genuss vor die Arbeit setzte.«

»Und war es so?«

»Ach was. Aber wenn man auf einer langen Seereise zahlreichen Entbehrungen ausgesetzt ist, kann es einem schon mal die Wahrnehmung verzerren. Ich wette, dass dies die Geburtsstunde des Traums vom Südseeparadies war. Ein paar hormonell überladene Abenteurer, die sich plötzlich im siebten Himmel wähnten.«

Er lächelte. »Entsprechend euphorisch waren die Reiseberichte, die sie und alle anderen Südseereisenden, darunter auch James Cook, an den Rest der Welt übermittelten.« Arif machte eine kurze Pause. »Es ging um ein Versprechen.«

»Ein Versprechen?«

»Die Welt, wie sie war, bevor wir sie mit unserer Gier verdorben haben, und von der man annehmen musste, dass man sie zumindest im Diesseits nie wieder erleben würde – sie war gar nicht verloren. Na, merkst du, worauf das hinausläuft?«

Selim dachte nach. »Das Paradies auf Erden«, flüsterte er dann. »Eines, das man zu Lebzeiten erreichen konnte!«

»Richtig. Für die Intellektuellen waren gerade Inseln so etwas wie Idealwelten, in denen sich bessere Gesellschaften frei von äußeren Einflüssen und deshalb besonders gut entwickeln konnten. Sie wurden sozusagen ein Gegenmodell zum verkommenen Europa.«

Arif setzte sich auf. »Und jetzt kommt's«, sagte er dann. »Dieser Mythos vom Inselparadies –«

»Was ist mit dem?«

»Er wirkt fort. Bis heute.«

Selim dachte an die vielen Inseln überall auf der Welt, die in jedem Reiseprospekt als irdisches Paradies dargestellt wurden. Auch nach Syrakesh waren viele Touristen gekommen, bevor es zur Diktatur geworden war.

»Manche Dinge klingen, einmal in die Welt gesetzt, einfach ewig weiter«, fuhr Arif fort. »Vor allem Paradiesversprechen. So wie Liebe. Ob sie wirklich ist oder nur eine von Menschen erdachte Idee, was spielt das schon für eine Rolle? Alles, was gelebt werden will, schwingt für immer in uns.« Er hielt inne. »Und hindert man uns daran, es zu leben«, sagte er dann, »rührt es sich nur noch stärker.«

»Ja«, sagte Selim und spürte, wie sich Miriam in ihm regte.

»Wie die Freiheit. Man kann sie nie wieder aus der Welt schaffen. Nicht einmal, indem man sie unterdrückt. Sie wird immer wieder hervorbrechen. Oder Musik. Vernichte ihre Noten, zerreiße sämtliche Partituren, verbiete alle Komponisten – die Musik wird weiter bestehen. Paganini ist tot, aber seine Sonaten schweben noch in der Luft, und wenn du eine Geige hineinhältst, werden sie sofort wieder hörbar. Musik ist unsterblich. Denn auch sie ist ein Paradiesversprechen.« Er deutete auf die Geigen, die von der Decke hingen. »Und weißt du, weshalb dieses Versprechen besonders verheißungsvoll klingt, wenn es aus einer Violine kommt?«

Selim schüttelte den Kopf.

»Weil Mythen und Legenden die Eindringlichkeit ihrer Stimme verstärkt haben.«

Intermezzo
Recitando

An einem nicht näher benannten Tag während der Französischen Revolution rannte ein junger Korporal atemlos um sein Leben. Er selbst hatte es aufs Spiel gesetzt für das, was er unter dem Arm trug. Es war eine Violine, und wenn in jenen Tagen ein Soldat die rasende Wut des Volkes auf sich zog und er dabei statt einer Waffe ein Musikinstrument mit sich herumschleppte, dann musste es schon etwas auf sich haben mit dieser Geige. Zumal die Legende zwar nicht den Namen des Korporals, wohl aber den der Violine kennt: Des Rosiers, gefertigt nur wenige Jahrzehnte zuvor von Antonio Stradivari. Die Zerstörungswut der hetzenden Meute war weniger darauf zurückzuführen, dass feinsinniges Kunstinteresse während einer Revolution schon mal verloren gehen konnte. Vielmehr sahen die Verfolger in der kostspieligen Stradivari ein Symbol der verhassten Aristokratie. Ihre Zerstörungswut richtete sich also zwar auf die Violine, meinte aber das Herrschaftssystem.

Dem Korporal war das egal, und so hatte er ihnen das Instrument entrissen, um es zu retten. Doch am Ende wurde er gefangen und kurzerhand mit einem anderen Instrument vertraut gemacht, das ebenfalls gerade sehr in Mode war: mit der Guillotine.

Die Frage, warum die Geige auch heute noch erhalten ist, wo der arme Korporal doch gerade ihrer Zerstörung wegen gejagt worden war, mag Liebhabern heldenhafter Episoden spitzfindig erscheinen. Doch dass bei einer Geschichte, in der jemand sein Leben für eine Violine gibt, ohnehin die Botschaft bedeutsamer ist als der Wahrheitsgehalt, wird ihnen ein Trost sein.

Auch mancher Geigenbauer soll sein Leben geopfert haben, wenn er bei Gewitter in den Wald ging, um darauf zu warten, dass der Blitz in seiner Nähe einen Baum fällte und er aus dem Geräusch des aufschlagenden Stamms auf die Qualität des Holzes schließen konnte. Eine Legende, die zwar ziemlich dreist erlogen ist, dadurch aber einmal mehr zeigt, dass manchem Geschichtenerzähler die Reputation der Geige mehr am Herzen lag als seine eigene.

Tatsächlich reisten Geigenmacher weit auf der Suche nach dem besten Holz, und wenn irgendwo ein baufälliges Gemäuer niedergerissen wurde, waren sie zur Stelle und heimsten Türen, Wandvertäfelungen und Möbel ein, um an Hunderte Jahre altes Holz zu gelangen. So verwandelten sich selbst Teile der Stadttore von Graz in heiß begehrte Violinen, aber eigentlich saßen all diese Suchenden und die Käufer ihrer Violinen einem gewaltigen Mythos auf. Es brauchte überhaupt nicht mehrere Hundert Jahre, um das Geigenholz zur Genüge zu trocknen. Fünf reichten vollkommen aus.

Fünfhundert klang natürlich viel magischer, und so setzten auch die Gauner alles daran, uralt aussehende Geigen zu konstruieren und dabei selbst die Wurmlöcher zu fälschen, indem sie die Bauteile für eine Weile zwischen wurmstichigem Holz lagerten. Imitierte Geigenzettel von Amati, Stainer und Stradivari machten die Runde wie Spielkarten in einer internationalen Pokerrunde, und bald waren echtes Blatt und Bluff so schwer auseinanderzuhalten, dass niemand mehr ernsthaft auf die Idee kam, vom Geigenzettel auf die Echtheit einer Violine zu schließen. Zumal auch Originale aus ihren Geigen herausgelöst und in billige Kopien eingeklebt wurden und deshalb selbst ein echter Stradivari-Zettel noch lange nicht bedeutete, dass die Violine drum herum ebenfalls echt war.

Während die einen mit raffinierten Tricks die Geigen längst verstorbener Meister fälschten, versuchten die anderen, das Mysterium der alten italienischen Instrumente in ihrem Lack zu finden. Mit detektivischem Eifer machte sich die halbe Fachwelt auf die Suche nach dem geheimsten unter den geheimen Rezepten, denn dass die legendären Geigenbauer von Cremona keine hinterlassen hatten, konnte doch nur bedeuten, dass jeder die Zusammensetzung seiner eigenen Mischung mit dem Leben verteidigt und schließlich mit in den Tod genommen hatte. Als man jedoch die überirdischen Lacke von Stradivari, Amati und all den anderen schließlich auch auf beschämend gewöhnlichen Möbeln fand, war klar, dass die großen Geigenbauer schlicht und einfach in die nächste Apotheke marschiert waren und dort ganz ordinären Gebrauchslack gekauft hatten.

Aber darin lag ja gerade die List, dass nämlich die Suche nach dem Geheimnis alter Violinen implizierte, dass es überhaupt eines gab. Auch wenn fast jedes Experiment mit Musikern in abgedunkelten Räumen zu dem Ergebnis kam, dass sie den Klang einer alten Stradivari nicht von dem eines nagelneuen Instruments zu unterscheiden vermochten, so übertrug sich doch die Unerschütterlichkeit der Suche auf den Mythos selbst. Alle waren sich einig, dass die Stimme der Geige eine geheimnisvolle Süße barg, etwas, das man nicht direkt heraushören konnte, das aber doch einen wichtigen Zweck erfüllte. Wer eine Violine spielte, entsandte mit ihr viel mehr in die Herzen der Menschen als nur Noten, denn ihre Musik war zur Verheißung geworden. Für ein Instrument, dessen Tonumfang weiß Gott keine Rekorde brach, war das eine beachtliche Leistung.

25. Satz
Appassionato

Also stieg Arif auf die Dächer.

Es war eine ruhige, trübe Nacht, ein wenig blass vielleicht als Kulisse für eine eindrucksvolle Tat, aber Arif wollte diesen Akt nicht in Staffage ertränken. Er wählte eines der alten, maroden Wohnviertel im Herzen von Silshana, hier war die Stille besonders empfänglich und der Grat aus Dächern nicht so hoch. Arif hatte seinen besten Anzug ausgesucht, den alten Frack seines Vaters, denn er wusste, was diese Nacht und er voneinander zu erwarten hatten.

Eine enge und verdreckte Gasse, in der er über ein paar Müllcontainer auf einen halb verfallenen Schuppen und von dort auf das erste Hausdach klettern konnte, hinein in den Mondschein, schien ihm besonders symbolträchtig. Hier begann Arif seinen Aufstieg zu den Sternen.

Eine Weile blieb er im dunstigen Mondlicht stehen, zwischen all den gemauerten Schornsteinen, blechernen Ofenrohren und Fernsehantennen. Ein paar Tauben, die er aus dem Schlaf gerissen hatte, flatterten gurrend davon, dann war es wieder still. Weiter hinten stachen Minarette in den Himmel. Der Duft brennenden Holzes strömte aus den Kaminen und ließ ihn kurz darüber nachdenken, warum nicht jeder Baum das Glück hatte, zu einer Violine zu werden, sondern manche einfach nur verheizt wurden. Unter seinen Füßen schlief die Stadt. Irgendwo hustete jemand kurz, und in einem der Hinterhöfe maunzte eine Katze. Von den Bäumen, die zwischen den Häusern standen, konnte Arif nur den oberen Teil der Kronen sehen, mächtige Büsche inmitten furchiger Wellblechäcker. Vielleicht fruchtbare Felder, in deren Tiefe gerade die erste Saat keimte. Vielleicht aber auch Totenäcker, unter denen sich das gigantische Massengrab noch nicht ganz lebloser, doch aber zum Schweigen gebrachter Menschen befand. Einige Blätter wehten aus den Wipfeln und strichen über die Dächerlandschaft, gemeinsam mit dem dezenten Aroma heißer Sesamkringel in Honigglasur, das wie die olfaktorische zweite Geige in einer Duftsinfonie den Holzgeruch unterlegte. Obwohl der Himmel leicht verhangen war und ein zarter Nebel in der Luft lag, war es nicht kalt, denn von den Dächern stieg ein behaglicher Wärmestrom auf. Eine schöne Nacht, dachte Arif, vielleicht die schönste meines Lebens.

Er lächelte und klappte seinen Geigenkasten auf. Vierzig Jahre war es her, dass er diese Violine erschaffen hatte. Den Boden hatte er nicht aus Ahorn, sondern aus geflammtem Nussbaumholz gefertigt und ihm durch tagelanges Schleifen und Hobeln den Eigenton E verliehen, der sanft mit dem F der Decke harmonierte. Unter all seinen Instrumenten war dieses das mit dem tiefsten und wärmsten Timbre. Er zitterte ein wenig, als er es mit beiden Händen aus dem Kasten hob und kurz betrachtete. Ein halbes Menschenleben kennen wir uns nun, dachte er, aber erst heute sehe ich dich im Mondlicht, und es steht dir so gut, dass ich fast bereue, dich mitgenommen zu haben, denn vermutlich wirst du die Nacht nicht heil überstehen.

Schließlich griff er noch einmal in den Geigenkoffer und holte den wertvollen Bogen daraus hervor. Den Kasten klappte er zu, aber er würde ihn hier stehen lassen wie den verlassenen Sarg eines Andersgläubigen, dessen Leichnam es sich noch mal überlegt hatte. Arif ließ seinen Blick vom Deckel aufwärts über die Dächer gleiten. Dann setzte er langsam die Violine an die Schulter und ging los.

Arifs Weg begann leise, denn zunächst lauschte er einfach dem Rascheln des Anzugs, seinem Atem und dem Geräusch seiner Schritte über die dicht zusammengewachsenen Hausdächer. Dann hob er, während er weiter voranging, den rechten Arm und setzte den Bogen an die Saiten. Er hatte sich für die *Zigeunerweisen* von Pablo de Sarasate entschieden, ein Stück, das viele Entfaltungsmöglichkeiten für Gefühle ließ. Und Arif hatte beschlossen, das Eindringlichste aus ihm herauszuholen.

Die ersten Töne fuhren in die erwartungsvoll schweigende Nacht hinein, eine aufrichtige und unverhohlene Darstellung dessen, was aus Syrakesh geworden war, eine seelenwunde Klage aus segelnden Noten, die Arif wie ein Schwarm begleiteten, während er einfach immer weiterging. Unten flammte hinter einem ersten Fenster ein Licht auf, und dann weitere, und schnell wuchsen sie zu einem Kometenschweif an, der Arifs Weg über die Dächer nachzeichnete. Gesichter erschienen in den Fenstern und Menschen im Schlafrock in den Haustüren, verschlafen zwar, aber doch wach genug, um die Botschaft der Violine zu erfassen. Ein sprachloses Flüstern zog durch die Gassen von Silshana, und manchmal, wenn die Dächer den Blick auf Arif und seine Violine freigaben, hoben sich ein paar Hände, einige, um auf ihn zu zeigen, andere, als wollten sie nach der Silhouette im trüben Mondlicht greifen.

Immer weiter bewegte Arif den Bogen über die Saiten und beschwor Bilder von Unterdrückten herauf, deren einzig verbliebenes Freiheitsgefühl in der Gewissheit lag, jederzeit aus freien Stücken tot umfallen zu dürfen. Mehr und mehr füllten sich die Gassen mit Menschen. Die Nacht, dachte er, ist eine Zeit trügerischer Untätigkeit, in der alles Leben und Denken betäubt in die Betten gebannt scheint, aber in Wahrheit sammelt sich gerade jetzt, in der Stille und Einsamkeit, die größte Wut an, eine emotionale Lava, die in Wallung gerät und den Druck erhöht, irgendwann in einem hitzigen Ausbruch hervorzuschießen. In Arifs Ohren klang das, was nachts sonst unter den Bettdecken erstickt wurde, wie die Resonanz eines klammheimlichen Chors, der sein Violinspiel in ein Oratorium verwandelte. Wut und Kummer formten einen nächtlichen Gesang ohne Worte, ein Summen, das mehr und mehr Straßen durchdrang, vielstimmig, aber einhellig.

Doch dann mischten sich Misstöne ins Ensemble, das abgehackte Stakkato genagelter Stiefel, die über das Kopfsteinpflaster trommelten, falsch spielende Schlagzeuger, die alles aus dem Takt bringen konnten, selbst die Zeit. Denn Arif spürte, wie der Augenblick sich plötzlich verlangsamte, als irgendwer unten im Orchestergraben einen einzelnen Schlag auf die Pauke gab und in diesem Moment seine Violine in tausend Splitter auseinanderbrach, während Arifs Leben sich schlagartig zusammenfügte, indem sein Aufstieg zu den Sternen vollendet wurde.

26. Satz
Decrescendo

Die Schafe grasen langsam und verhalten sich still, vielleicht weil die Worte, auf denen Selims Geschichte durch die Nacht reist, sogar Lebewesen durchdringen, die ohne Sprache sind. Vielleicht aber auch, weil sie diese unerwartete, nächtliche Weidezeit für ein Versehen halten und nicht unnötig darauf aufmerksam machen wollen.

Ibrahim blickt schweigend in seine Herde, als seien all diese weichen und sanftmütigen Wollknäuel eine besonders vielversprechende Fundstelle für Sätze des Trostes.

»Wie hast du davon erfahren?«, fragt er nach einer Weile.

»Ich habe ihn gehört in dieser Nacht. Seine Musik von den Dächern.« Selim nickt kurz. »Und sein Ende.«

»Hast du ihn noch einmal gesehen?«

Selim schüttelt den Kopf. »Sie haben ihn verschwinden lassen, als habe er nie existiert. Es gab keine Waschung, keine Beisetzung und keine letzte Ruhestätte.«

Ein Schuss in der Finsternis, denkt Ibrahim. So ging auch Malika. Mit einem einzigen, kurzen Knall, der ein langes Leben so beiläufig beendete, wie man nach einer Mücke schlug. Nachts auf der Straße sank sie zu Boden, vor dem eigenen Haus, während sie ihn drinnen festhielten. Und als sie weg waren, war auch ihr Körper verschwunden, als wollten sie ihm weismachen, dass er sich Malika jahrzehntelang nur eingebildet habe. Oft lagen die Toten in den Straßen, aber Malika gehörte wohl zu denen, die keine Spuren hinterlassen sollten.

»Ich weiß, wie du dich gefühlt hast«, sagt Ibrahim.

»Manchmal«, sagt Selim, »vermag ein gewaltiges Orchester nichts zu bewirken, aber ein einzelnes Instrument ändert alles. Arif hatte eine große Idee. Doch irgendetwas stimmte nicht an ihr. Aber was?«

Er nimmt einen Schluck heißen Tee und greift dann nach der Schale mit den Datteln, die Ibrahim ihm hinhält. »Ich beschloss, eine Antwort darauf zu finden. Arifs Zimmer in Silshana musste ich ohnehin aufgeben, als der Staat sich all seinen Besitz einverleibte. Also nahm ich die Violine, die Arif mir zum Üben überlassen hatte, und begab mich auf eine Reise.« Er lächelt. »Sie sollte mehr Jahre andauern, als ich erwartet hatte. Ich zog durch ganz Syrakesh, und zwischendurch kam ich immer wieder nach Silshana zurück. Ich spielte auf Bahnhöfen und in den Einkaufsstraßen, auf Märkten und privaten Feiern, in kleinen Dörfern und in großen Städten.«

»Und hast du die Antwort gefunden?«

»Nicht sofort. Aber mein Violinspiel – etwas daran begann sich zu verändern.«

27. Satz
Allegro

Wie gewaltige Karteischränke standen die mehrstöckigen Mietshäuser, mit winzigen aneinanderliegenden Schubladen, in denen das Regime Menschen abheftete wie Dossiers. Hier verrannen die gardinenverhangenen Leben jener, deren Bestimmung durch eine Funktion ersetzt worden war. Überwiegend übten sie diese in einem der Staatskonzerne aus, zu deren unmittelbar angrenzenden Gebäuden sie morgens strömten und von denen sie am späten Abend wie ausgezehrte Kaugummis angeekelt wieder ausgespuckt wurden.

Einzig der Prestigepflege dieses von Firmen und Geschäften geprägten Viertels war es zu verdanken, dass die weißgetünchten Hausfassaden alle paar Jahre frisch maskiert wurden. Die sonnigen Straßen dazwischen waren mit Palmen und blühenden Büschen gesäumt, und über den Asphalt rollten in ihren Limousinen die Konzernchefs und ihre Abteilungsleiter so gemächlich, als glaubten sie, ihr privilegiertes Dasein in die Länge ziehen zu können, indem sie es langsamer durchquerten. Den großen Springbrunnen konnte man allerdings nur zu Fuß erreichen, da er in der Mitte eines Flanierplatzes lag. Weiße Arkaden, die mit Pflanzen und Ornamenten geschmückt waren, umrundeten einen Teil des Platzes und bargen ein paar schattige Sitzgelegenheiten. In der Nähe des Brunnens waren drei kupferne Plättchen ins Kopfsteinpflaster eingelassen, und nur wenige wussten, dass sie die Position markierten, auf die das Staatsfernsehen bei Berichten über Syrakeshs Wirtschaft sein Kamerastativ stellen musste, damit hinter dem Reporter der genau festgelegte Ausschnitt aus idyllischem Brunnen, Arkaden und strahlenden Konzerngebäuden zu sehen war. Der Abwechslung halber gab es in Silshana noch drei weitere genehmigte Drehorte mit Blick auf eine besonders imposante Architektur, mit der die neuen Herren des Landes sich über Syrakeshs Baukultur hinwegsetzten, deren Bescheidenheit normalerweise eher auf innere als auf äußere Schönheit setzte. Für Berichte über politische Themen standen sogar acht Kamerastandorte zur Wahl. Damit das Fernsehteam den Blickwinkel nicht zu weit aufzog, waren in die Kupferplättchen kleine Ziffern eingraviert, welche die genaue Brennweite des Objektivs vorschrieben.

Einst war der Brunnen vollständig mit Mosaiken überzogen gewesen, die zwei große, miteinander verbundene Flächen bildeten, eine gelb wie der Strand von Silshana, die andere blau wie das Meer, in dem Syrakesh lag. Aber auf der Seite, die im Fernsehbild nicht zu sehen war, hatten ein paar Salven aus Maschinenpistolen die Kunst großflächig weggesprengt und nur bröckeligen Stein hinterlassen. Vor der erhaltenen Seite des Brunnens stellte Selim den Geigenkasten ab. Bevor er ihn öffnete, schweifte sein Blick über den Platz. Das Licht ließ die weißen Hausfassaden strahlen, und zur Mittagszeit saßen viele Angestellte in der Sonne oder versorgten sich an den Imbissständen. Vor wenigen Minuten hatte der Muezzin den Adhan, den Ruf zum Gebet, beendet, und nach dem letzten »Es gibt keine Gottheit außer Allah« waren die Lautsprecher mit einem leisen Knacken verstummt. Genau der richtige Zeitpunkt und der richtige Ort für ein bisschen Straßenmusik, dachte Selim. Er bückte sich und holte die Violine aus dem Kasten.

Lange hatte er darüber nachgedacht, welches Stück er spielen sollte. Dies hier war kein Konzertsaal, und er würde seine Zuhörer aus ihren Gedanken und Tätigkeiten herauslocken und gegen den Alltag eines öffentlichen Platzes anspielen müssen. Das sprach für ein eingängiges Stück, das melodisch war, aber auch ein paar Überraschungen barg, mit denen man die Aufmerksamkeit wachhalten konnte. Schließlich hatte Selim sich für *Introduktion und Rondo Capriccioso* von Camille Saint-Saëns entschieden, ein Stück, das schon nach wenigen Sekunden verriet, dass es in seinem weiteren Verlauf einiges zu bieten haben würde, und dessen virtuoser und mitreißender Schluss dem Musiker zwar noch mal einen schweißtreibenden Fingertanz abverlangte, dadurch aber selbst ein eher zufällig eingefangenes Publikum am Ende euphorisiert entließ. Eigentlich war dies eine Komposition für Violine und Orchester, aber für Selims Geschmack artikulierte sich die Geige auch alleine deutlich genug.

Schon als die ersten Töne erklangen wie der Anfang einer vielversprechenden Geschichte, hatte Selim die Aufmerksamkeit des ganzen Platzes auf seiner Seite. Aus den Augenwinkeln sah er, dass sich die Blicke ihm zuwandten und einige, die gerade mit ihrem Mittagsimbiss beschäftigt waren, zu essen aufhörten und ihre Wahrnehmung in Richtung Brunnen lenkten. Ein paar lärmende Studenten, die im Schatten der Arkaden hockten, stießen sich gegenseitig an und wurden still. Menschen, die mit jener Geschwindigkeit von größtmöglicher Unverdächtigkeit über den Platz gingen, nicht so langsam, als sei man außer Funktion, und nicht so schnell, als sei man außer Kontrolle, blieben plötzlich stehen. Am Rande des Platzes sah Selim eine Politesse auf eine Luxuslimousine zugehen, die dort trotz des Verbots stand, aber dann wurden ihre Schritte langsamer, und sie blickte nachdenklich auf ihren Formularblock. Inzwischen war Selim beim Hauptthema angelangt, das Saint-Saëns mit einer leichten spanischen Würze versehen hatte, nicht sehr schnell, aber unbeirrt voranschreitend, wie ein sonntäglicher Spaziergang im Sechsachteltakt. Ein paar aufregende Fingerläufe das ganze Griffbrett mehrfach rauf und runter und einige von Selim dreckig angeschnittene tiefe Töne, von denen er den letzten wie das Summen einer Hummel drei komplette Bogenlängen in der Luft vibrieren ließ – und der ganze Platz war in sprachloser Aufmerksamkeit erstarrt. An dieser Stelle griff Selim das spanische Thema wieder auf, und die Arkaden wirkten wie ein Grammofon-Trichter und trugen die Klänge weit in die angrenzenden Straßen hinein und die Häuser hinauf.

Und dann geschahen ein paar merkwürdige Dinge.

Die Politesse entfernte sich von der falsch geparkten Limousine, ohne eine Verwarnung hinter den Scheibenwischer geklemmt zu haben. Eine große, dünne Frau mit einem kleinen, dicken Mann im Schlepptau näherte sich dem Auto, starrte auf die Windschutzscheibe und brach augenblicklich in Tränen aus. Die Eingangstür eines Bürokomplexes wurde aufgerissen, ein grauhaariger Mann im Anzug stürzte heraus, lief, nach Luft ringend, der Politesse hinterher und hielt sie auf.

28. Satz
Andante

In der vierten Etage einer Mietskaserne stockte die große Frau, die innen hässlich und außen unattraktiv war. Ihr kleiner, runder Mann, der stets wie ein devoter Mops hinter ihr herrollte, blickte überrascht winselnd zu ihr auf. Normalerweise war dies der Moment, wo die Immobilienhändlerin dem ausziehenden Mieter eine lange Liste von Wohnungsmängeln vorhielt, die er in aller Regel nicht zu verantworten hatte, aber dennoch bezahlen sollte. Gekränkt durch ihre eigene Geringfügigkeit auf diesem Planeten, hatte sie über die Jahre jene Situationen liebgewonnen, in denen sie mit teils tadelnder, teils unverhohlen gehässiger Miene einem Mieter den Verschleiß ihrer Wohnung in Rechnung stellte. Die meisten hatten ihre absurden Forderungen kommentarlos beglichen, einige aus Unkenntnis der Rechtslage, die meisten jedoch aus tiefem Mitleid angesichts eines solch kümmerlichen Lebens, dem das finanzielle Ausweiden anderer Menschen zur augenscheinlich einzigen Bestimmung geworden war. So war sie im Kampf um mehr Bedeutung mit der Zeit noch bedeutungsloser geworden. Ihrer Lust am Maßregeln hatte dies keinen Abbruch getan.

Umso verwunderlicher war, dass sie nun innehielt, wo sie sonst austeilte. Ihr Mann starrte sie erschrocken an, davon überzeugt, dass seine Frau während einer Wohnungsübergabe allenfalls dann an Fahrt verlieren konnte, wenn sie durch ihren eigenen Tod ausgebremst wurde. Doch sie schien weder schwerer zu atmen noch das Bewusstsein zu verlieren. Stattdessen tat sie etwas noch viel Unwahrscheinlicheres: Sie hörte zu.

Die Melodie einer Violine klang durch das geöffnete Fenster in die Wohnung. Die große Frau bewegte den Kopf auf ihrem langen Hals wie ein Huhn, das beim Fressen aufgescheucht worden war und nun versuchte, das dafür verantwortliche Geräusch zu orten. Dann drangen die Töne in sie vor, einer nach dem anderen, die steten Tropfen eines lindernden Medikaments aus einem Tropf. Die Setzrisse in den Küchenfliesen, die sie jedem Mieter aufs Neue berechnete, der Schimmel hinter den unfachmännisch gezogenen Silikonfugen im Bad, das schon immer klemmende Schloss der Wohnungstür – plötzlich keimte in ihr der Verdacht auf, dass all dies nicht der Nabel der Welt war und es Erfüllenderes geben könnte, als sich mit armseligen Tricks ausgerechnet an jenen Menschen zu bereichern, die ihr ohnehin schon Monat für Monat mehr Geld überwiesen, als sie jemals würde verbrauchen können.

»Was ist los?«, fragte der Mops zu ihren Füßen.

»Schon gut«, antwortete die Immobilienhändlerin. »Lass uns nach Hause gehen.«

Nicht weit entfernt stand eine Politesse vor einer teuren Limousine und ließ Stift und Block sinken, ihre unbezwingbaren Waffen im täglichen Kampf gegen falsch geparkten Narzissmus. Dass ausgerechnet jene Großverdiener, die anderen ihre Zukunft versperrten und sie auf die Straße setzten, eben diese Straße dann auch noch mit ihren funkelnden Autos blockierten, erschien ihr zwar nach wie vor wie eine arrogante Zurschaustellung rücksichtsloser Selbstverliebtheit. Doch für heute würde sie die Immobilienhändlerin, der das halbe Viertel gehörte und die fast täglich ihren Luxuswagen demonstrativ im Parkverbot abstellte, davonkommen lassen. Langsam ließ sie ihren Notizblock in die Tasche gleiten und durchbrach damit ein Jahre währendes Ritual von Herrschaftsonanie, das ihr ohnehin zumeist ein schales Gefühl beschert hatte. Mit einem Lächeln beschloss sie, ihren Block heute nicht wieder hervorzuziehen. Zufrieden ging sie davon. Durch das Stadtgemurmel schwebte der Klang einer Violine.

In der Chefetage des Konzerns, vor dem die Limousine parkte, erlitt der Geschäftsführer einen plötzlichen und schweren Anfall von Besinnung. Noch mehr unbezahlte Überstunden für die Mitarbeiter der Verkaufsabteilung wären vermutlich kein Problem, denn bislang waren die betrieblichen Verhältnisse gerade noch so erträglich, dass bei den meisten Angestellten die Angst, die Arbeit zu verlieren, größer war als die, sie zu behalten und daran zu zerbrechen. Doch das Spiel eines Straßengeigers wehte ihm von dort unten, wo das triviale Leben in seiner Mittelmäßigkeit vegetierte, einen Hauch von Gutmütigkeit in den Kopf. Er würde keine unbezahlten Überstunden anordnen, sondern jemanden einstellen. Natürlich war er sich der verheerenden Auswirkung von sozialem Denken aufs Budget durchaus bewusst und wurde augenblicklich blass vor Angst, was bei einem ohnehin Blutleeren einiges heißen will. Aber er öffnete das Fenster und hielt nach jener Frau Ausschau, die er vor zwei Jahren eigenhändig auf die Straße gesetzt hatte und die dort unten nun als Politesse arbeitete.

29. Satz
Animato

»Ich weiß nicht«, sagt Selim. »Die Wirkung meiner Musik auf die Menschen schien sich im Laufe der folgenden Jahre immer mehr zu verstärken. Ich reiste durch Syrakesh, und die Violine brachte fernab des Pazifiks gewaltige Meeresbrandungen zum Schäumen, ließ bei hellem Sonnenschein ein gewaltiges Gewitter aufziehen oder machte ein trauriges, graues Viertel zur bunten Partymeile. Wenn ich etwas Besinnliches spielte, konnte sich inmitten der Hektik einer Metropole plötzlich eine unglaubliche Stille breitmachen. Andere Stücke verwandelten den Großstadtdschungel in einen richtigen – mit wilden Tieren und exotischen Pflanzen –, und die Menschen bedankten sich bei mir im Anschluss dafür, genau das vor ihrem inneren Auge gesehen zu haben: Lebensfülle, wo eigentlich nur Beton war.«

Selim nimmt einen Schluck Tee. »Ich glaube, in meinen Melodien spielte auch Arif mit. Und Miriam. Sie flossen im Grunde aus mir heraus und in die Musik hinein. Und die Zuhörer taten während meiner Aufführungen auf den Straßen die verrücktesten Dinge. Ich sah einen Mann in Tränen ausbrechen und zur nächsten Telefonzelle eilen. Einen Taubenverkäufer auf dem Markt, der stumm sämtliche Käfige öffnete und freudestrahlend dabei zusah, wie all seine Tauben davonflogen. Einen Jungen, der eine leere Plastikflasche vom Bordstein aufsammelte und in eine Mülltonne warf.«

»*Das* ist in der Tat ein Wunder«, lacht Ibrahim.

»Natürlich ist es das«, sagt Selim und lächelt. »Ich habe auch erlebt, dass Autos einfach stehen blieben, während ich auf einem Bürgersteig spielte. Einen Bauern, der plötzlich aufhörte, auf sein Pferd einzudreschen. Eine Frau, die sich mitten in meiner Vorführung aus dem Publikum löste, einen Brief aus ihrer Tasche hervorkramte, ihn zerriss, in einen Papierkorb warf und davoneilte. Und dann war da noch —«

Er bricht ab und schüttelt den Kopf. »Bitte entschuldige. Das war anmaßend. Ich wollte mich nicht aufs Minarett stellen. All dies erzähle ich dir nur, damit du die folgenden Ereignisse nachvollziehen kannst.«

30. Satz
Lento

Silshanas Zisterne war nicht so, wie Selim sie zusammen mit Miriam vor siebzehn Jahren verlassen hatte. Die prächtigen kalligrafischen Gedichte von einst waren verschwunden, und die Säulen standen weiß getüncht im Raum, beraubt und würdelos wie Nackte in einem Duschraum ohne Wasser. Viele der Poeten, deren Zeilen man hier ausgelöscht hatte, galten inzwischen als Dissidenten, egal, ob sie noch lebten oder schon seit Jahrhunderten tot waren. Die Scheinwerfer, die die Gedichte ausgeleuchtet hatten, waren demontiert worden. Schimmel und Spinnweben verklebten die Ecken. Auf dem Fußboden verblassten die Blutflecken von Studenten, die bei dem Versuch, die Zerstörung der Säulenpoesie zu verhindern, erschossen worden waren. Wo einst die Feuerwehr Wasser gespeichert hatte, um Leben zu retten, waren plötzlich welche genommen worden.

Als man irgendwann das Wasser aus der Zisterne hatte ablaufen lassen, war sie als literarische Wandelhalle mit einer neuen Bestimmung versehen worden, doch nachdem man sie das zweite Mal entleert hatte, war nur noch ein steinernes Skelett geblieben, das wie der bleiche, ausgehöhlte Brustkorb eines riesigen Dinosauriers unter der Erde lag. Obwohl das Eingangsgitter weiterhin jeden Tag geöffnet wurde, als sei nichts geschehen, kam schon seit Jahren niemand mehr, um zur Musik aus seinem Kopfhörer Walzer zu tanzen.

Seit die Gedichte übermalt worden waren, war auch Selim nicht mehr hierhergekommen. Er suchte nach der Säule, an der er Miriam geküsst hatte, fand aber auch dort nur weiße Farbe. Es war ihm merkwürdig egal. Was hier zwischen Miriam und ihm geschehen war, ließ sich nicht übermalen. Manche Dinge konnten nicht entweiht werden.

Er stellte den Geigenkasten auf den Boden, holte eine Kerze daraus hervor, zündete sie an und stellte sie neben den Koffer. Dann griff er nach der Violine und dem Bogen. Obwohl er ganz allein in der Zisterne stand, würde sein Publikum heute größer sein als je zuvor.

Hier, wo sich seine Leidenschaft zu Miriam nicht länger in Zaum hatte halten lassen, wollte er ein ganz besonderes Feuer in seine Musik geben. Und dafür hatte er den berühmtesten Teufelsgeiger aller Zeiten an seiner Seite. Einen Mann, dessen geheimnisvolle Aura selbst heute noch jeden seiner Nachahmer mühelos überstrahlte. Und dessen Mythos die Musik tiefer in die Menschen hineintrug als die Töne selbst. »Seine Sonaten schweben noch in der Luft«, hatte Arif gesagt, »und wenn du eine Geige hineinhältst, werden sie sofort wieder hörbar.«

Selim setzte die Violine an.

Intermezzo
Recitando

Im Himmel selbst hatte Paganini die Harmonie der Engel gelernt. Und um über die der Teufel berichten zu können, führte er sein Publikum geradewegs in die Hölle hinab. So wusste es jedenfalls die Ankündigung zu einem seiner Konzerte, und obwohl sie vielleicht mehr auf Wirkung als auf Wahrheit setzte, beschrieb sie damit doch ganz gut jenen Mann, der vielen Gott und Teufel zugleich war.

Zumindest aber war seine musikalische Passion ein Geschenk des Himmels, denn als er fünf Jahre alt war, so Paganini, sei seiner Mutter der Erlöser im Traum erschienen, um ihr einen Wunsch zu erfüllen. Und selbstlos hatte sie ihn an die Brut verschenkt: Ein großer Geiger möge ihr Sprössling werden. Der Erlöser versprach, sein Bestes zu tun.

Aus irgendeinem Grund musste Paganini dem mütterlichen Wunsch dann aber doch selbst nachkommen, und angetrieben von den ganz weltlichen Prügeln seines Vaters machte er sich daran, jenes Instrument zu erlernen, mit dem er bald auf seinen Konzertreisen Europas Städte in einen Taumel der Ekstase stürzen würde. Mager und blass zog er los, Kopf, Nase und Ohren viel zu groß, das Gebiss eine Bankrotterklärung an die Zahnmedizin und die schwarzen Haare lang und ungepflegt. Wenn er über die Straße ging, soll mancher Christ misstrauisch genauer hingesehen haben, ob dieser Teufelsgeiger nicht doch einen Pferdefuß hatte. Andere schworen Stein und Bein, sie hätten während der Konzerte einen unheimlichen Schatten in Paganinis Nähe entdeckt, der ihm wohlwollend zugenickt habe, und der eine oder andere brachte schließlich seinen Rosenkranz mit zur Aufführung, nur um ganz sicher zu sein. Auf Abbildungen wurde Paganini umringt von Teufeln und Hexen gezeigt, und man munkelte, dass er sich seine Violinsaiten aus dem Darm einer ermordeten Geliebten gedreht habe.

Mutig trug Paganini überwiegend selbstkomponierte Werke vor, was im achtzehnten Jahrhundert noch normal gewesen wäre, zu seiner Zeit aber als Ausdruck von Einseitigkeit galt. Er scherte sich nicht darum und fügte sich der gerade modernen französischen Violinschule nur im Ansatz. Ein fast horizontal zu haltendes Instrument und ein weit angehobener Bogenarm, das war nicht seine Sache. Er folgte eher dem alten italienischen Stil, übertrieb ihn und neigte die Violine beim Spiel auffallend weit nach unten, was bei Auftritten zu seinem skurrilen Aussehen beitrug. Aber so brauchten die Handbewegungen wesentlich weniger Kraft, und er konnte seine Finger sehr viel schneller über die Saiten bewegen. Und dies war nach dem stark wirkenden Mythos das zweite Geheimnis seines eindringlichen Spiels: wahres Können und eine perfekte Spieltechnik. Raffinierte Doppelgriffläufe und bis an die Grenze des Machbaren höher gestimmte Saiten, damit spielte er alle seine Geigerkollegen mühelos an die Wand. Einmal, erzählte er, habe man ihm aus Versehen die Notenblätter kopfüber auf den Ständer gestellt, und doch habe er das Stück fehlerfrei gespielt.

Aber man muss vorsichtig sein, wenn Große Großes über sich selbst berichten. Besonders bei einem Mann, der sich seinem Musikinstrument regelrecht unterwarf. »Meine Violine ist noch ziemlich unzufrieden mit mir«, schrieb er in einem Brief, und einer seiner Ärzte sagte: »Paganini ist eine Feuerseele, die der Violine dient.«

So klar wie seine Feuerseele war auch seine romantische Ader erkennbar. Manchmal ahmte er mit der Violine die Stimmen von Hunden und Katzen nach, und immer wieder erklangen aus seiner Geige keine Melodien, sondern die Laute von Vögeln. Einmal spielte er, nur mit aufgezogener G- und E-Saite, eine Liebesszene, in der die eine Saite die Stimme des Mädchens und die andere die Liebesschwüre des Jungen wiedergab. Und nicht selten saß er abends auf dem Friedhof vor einem gerührten Publikum und spielte für die Verstorbenen.

Natürlich gab es auch einige, die das nächtliche, den Toten gewidmete Violinspiel für irgendetwas zwischen nekrophil und diabolisch hielten, und so nährten auch Paganinis romantische Züge seinen Ruf als Teufelsgeiger. Als ihm die Spekulationen über seine höllische Abstammung zu viel wurden, ließ Paganini als Gegenbeweis in Zeitungen einen Brief seiner tatsächlichen Gebärerin veröffentlichen – den er eigenhändig gefälscht haben musste, denn in Wirklichkeit konnte seine Mutter gar nicht schreiben: Paganini hatte eine Lüge in die Welt gesetzt, der Wahrheit zuliebe. Doch seinen Ruf wurde er nie wieder los, nicht einmal nach seinem Tod. Fast vierzig Jahre lang sollte Paganinis Körper durch Wohnungen, Keller, Lazarette, ein provisorisches Grab, über Land und über Wasser reisen, weil die Kirche annahm, dass ein Teufelsgeiger wohl kaum eine christliche Bestattung verdient habe. Erst 1876 kam er auf dem Friedhof von Parma zur Ruhe.

Was blieb, zwischen Vergötterung und Verteufelung, zwischen Mythos und Realität und in diesen Spannungsfeldern aufgeladen zu einer Musik mit außergewöhnlich emotionaler Wucht, waren Paganinis Klänge.

31. Satz
Spirituoso

Paganinis Klänge machten sich auf die Reise. Sie glitten in die Zuflussrohre der Zisterne, krochen durch die Leitungen bis in die kleinsten Kapillaren und legten einen Klangteppich unter das gesamte Gassenviertel. Aus den Kopfsteinpflastern und Dielenböden schwebten sie empor wie die fiedelnden Seelen von Vergrabenen, Note für Note Teil einer wundersamen Melodie aus dem Innern der Erde. Tief aus dem Herzen Syrakeshs schien diese Musik hochzusteigen, hinein in die Aufmerksamkeit jedes einzelnen Menschen. In den Straßen und Kammern, in Restaurants und Geschäften hielten sie inne, verwirrt und auch ein wenig unsicher, und mancher erinnerte sich an ein ganz ähnliches Erlebnis drüben im alten Wohnviertel, aber diesmal regnete die Musik nicht von oben auf sie nieder. Diesmal schwebte sie von unten herauf.

Wie das sein konnte, erschloss sich zunächst nur den wenigen, die sich noch der alten Speichergewölbe und ihrer Rohre erinnerten, und während die einen weiter ungläubig auf die singenden Pflastersteine und Bodendielen blickten, liefen andere bereits los. »Das kommt aus der Zisterne«, riefen sie, und mit einem Mal geriet das ganze Viertel in Aufruhr, und in den kleinen Gassen war eine Bewegung wie niemals zuvor.

Dem Wirt in der *Tausendundzweiten Nacht* stockte die Hand, mit der er gerade über den Tresen wischen wollte, und nachdem er den Lappen hatte fallen lassen, stellte er sämtliche Kannen mit Gewürztee auf die Theke, derer er habhaft werden konnte, ohne den Blick vom Fußboden nehmen zu müssen. »Leute«, flüsterte er in das standhafteste Schweigen, das seine Teestube je erlebt hatte, »das geht aufs Haus. Für ein wenig Sinnesfreude soll hier heute niemand mehr bezahlen müssen.«

In einer Nische im *Nachtaroma* hielt ein junges Paar, das gerade seine Probleme zwischen Messer und Gabel ausbreitete wie auf einem Seziertisch, inne und blickte sich in die Augen, während beiden die Violinmusik von unten ins Gemüt fuhr und in ihnen mehr Einsichten freisetzte als jedes noch so ausgefeilte Argument. »Hörst du das auch?«, fragte sie, und als er langsam nickte, hatten sie plötzlich das Miteinander gefunden, nach dem sie mit Worten gerade so erfolglos gesucht hatten.

Nicht weit entfernt blieb eine Frau in einer der Gassen stehen, während ein Pulk von Menschen an ihr vorbei in Richtung Zisterne eilte. Aber statt auf den Boden zu starren, hob sie den Kopf und blickte in den Himmel, wo sich zwischen den verwinkelten Giebeln der Häuser ein Stück Sternenwelt abzeichnete wie ein großes Puzzleteil, das noch nicht eingefügt worden war. Behutsam lehnte sie sich an eine Wand, von der Weite des Himmels und der Tiefe der Musik gleichermaßen trunken. Dann zog sie ein geblümtes Taschentuch hervor und weinte hinein.

Im *Küstenturban*, dem einzigen Edelrestaurant des Gassenviertels, saß der persönliche Adjutant des Diktators gemeinsam mit einigen Beamten in einem abgetrennten Shishazimmer und stierte stumpf in den Dunst der Wasserpfeifen. Paganinis Noten brauchten eine Weile, um sich in seine Wahrnehmung vorzuarbeiten, die in einem Panzer aus Wohlstandsfett und Dickfelligkeit gegen Übergriffe der Realität weitgehend gefeit war. Dann musterte der Adjutant die Beamten, die der Kontrollbehörde für Kultur angehörten und gerade allesamt die Kontrolle verloren, weil sie ihre eigenen Verbote nicht gut genug deuten konnten, um abzuschätzen, ob die Musik aus dem Untergrund darunter fiel oder nicht.

Schließlich winkte der Adjutant zwei Männer heran. »Wer auch immer diese Musik macht«, befahl er, »holt ihn euch.«

32. Satz
Desolato

Während die Noten aus der Zisterne herausströmten, strömten die Menschen in sie hinein. Auch über hundertsiebzig Jahre nach seinem Tod, dachte Selim, ist Paganinis Magie noch nicht verloren. Sobald man sich ihrer bediente, wirkte sie genau so betörend wie am Tage ihrer Uraufführung.

Selim ging von einer Sonate zur nächsten über, und immer weitere Neugierige kamen herein, um sich Gewissheit zu verschaffen, dass die unterirdische Musik trotzdem irdischen Ursprungs war. Am Eingangsgitter schienen alle ihre Stimme und ihre Eile abzugeben, denn wer einmal die Zisterne betreten hatte, stand schweigsam und nahezu bewegungslos, wie in einem richtigen Konzertsaal.

Dann sah Selim zwei Männer in jenen Anzügen, die so unauffällig waren, dass sie jedem gleich ins Auge fielen und ihre Träger als Teil einer staatlichen Strategie auswiesen, mit der dem Bürger vorgeblich Verstecktes wie aus Versehen, tatsächlich aber mit voller Absicht, sichtbar gemacht wurde. Die Männer blieben weiter hinten stehen und gaben sich teilnahmslos. Selim fuhr ein maßloses Entsetzen in die Glieder, als ihm bewusst wurde, dass an diesem Ort schon einmal Menschen ihr Leben verloren hatten, als sie der Kunst beistehen wollten, und dass sein Violinspiel vielleicht der Auslöser eines weiteren Massakers sein könnte. Doch nachdem keine Soldaten auftauchten, war ihm klar, dass die beiden Männer ausschließlich seinetwegen gekommen waren. Und sie schienen zu warten, bis er mit seiner Musik fertig war.

Etwas würde geschehen, sobald er den Bogen absetzte und die Violine verstummte. Die einzige Möglichkeit, es zu verhindern, wäre, weiter und immer weiter zu geigen, ein Spiel um sein Leben, aber natürlich wusste Selim, dass er auf seiner Flucht zwar die Tonleiter mehrfach rauf und wieder runter laufen konnte, es aber letztlich dennoch kein Entrinnen gab, weil er irgendwann am Ende seiner Kräfte wäre. Unabwendbar kam der Augenblick, von dem nichts Gutes zu erwarten war. Er konnte ihn allenfalls hinauszögern, und obwohl er spürte, dass ihm dieser Aufschub ohnehin nur Qualen der Ungewissheit bereitete, legte er sich innerlich die nächste Sonate zurecht. Kurz ging ihm sein letzter Moment mit Miriam durch den Kopf und wie er neben ihr auf der Bank vor ihrem Wohnblock gesessen und auf sie eingeredet hatte, um das Unausweichliche hinauszuzögern.

Das Publikum bemerkte nichts von alldem und verlor sich in seiner Ergriffenheit. Selim spielte eine halbe Ewigkeit, ohne dass jemand sich rührte. Dann fühlte er, dass seine Knie weich wurden und er der Panik nicht mehr lange standhalten konnte. Die beiden Männer schienen es ebenfalls zu spüren, denn nun bahnten sie sich einen Weg durch die Menschenmenge, näher an ihn heran. Wie nach Hilfe aus längst vergangenen Geschichten suchend blickte Selim zu der Säule neben sich, dorthin, wo er vor siebzehn Jahren Miriam geküsst hatte.

Eine Frau stand dort. Sie hatte beide Arme um die Säule geschlungen und hielt ein geblümtes Taschentuch in der Hand.

Ihre Augen waren gerötet. Sie nahm den Blick nicht von Selim, aber ihr Gesichtsausdruck verriet, dass auch sie die beiden Männer bemerkt hatte, die nun auf ihn zutraten.

»Ich bin es«, sagte sie, in Tränen aufgelöst.

»Ja«, flüsterte er, »ohne Zweifel.«

Endlich fand er die Kraft, den Bogen zu senken.

33. Satz
Affettuoso

»Siebzehn Jahre«, sagt Selim und schüttelt ungläubig den Kopf. »So lange hatten wir uns nicht gesehen und nichts voneinander gehört. Sie war einfach eines Tages durch eine Tür gegangen und all die Zeit nicht wieder aufgetaucht. Fast, als hätte diese Tür geradewegs aus meinem Leben herausgeführt. Aber irgendwie war sie weiterhin da gewesen, in meinen Gedanken und in meinen Gefühlen. Auf eine kaum zu erklärende Weise ging sie stets neben mir.«

»Wie ein Schatten.«

»Sie war eher mein Licht. Eines, das mir oft den Weg gewiesen hat. Bei wichtigen Entscheidungen habe ich Miriam im Stillen nach ihrer Meinung gefragt. Wenn andere etwas über meine intensivste Erfahrung mit der Liebe wissen wollten, dann habe ich ihnen von Miriam erzählt. Wann immer ich alleine am Ufer meines Lieblingssees saß, habe ich mir ausgemalt, sie würde neben mir sitzen. Oft habe ich in ungestörten Momenten ihren wunderschönen Namen geflüstert. Wenn ich nachts alleine lag, schlüpfte sie aus meinen Gedanken in mein Bett. Wenn ich in Silshana war, erblickte ich sie in jeder Menschenmenge, wie ein Wunschbild, das plötzlich durch die Wirklichkeit huscht und einem die Sinne verwirrt. Wandelte ich durch Aminas Garten, griff die Melancholie nach mir. An der Parkbank, auf der wir die halbe Nacht gesessen hatten, konnte ich nie vorbeigehen, ohne darauf Platz zu nehmen und an Miriam zu denken. Ich glaube, die wenigen Frauen, die nach ihr kamen, habe ich an ihr gemessen, und deshalb konnten sie nie mehr werden als Durchreisende in meinem Leben.«

»Es ist von großem Wert, wenn jemand uns fühlen lässt, welch bemerkenswertes Höchstmaß an Intensität wir aufzubringen in der Lage sind, aber es ist auch ein Fluch«, sagt Ibrahim und stochert mit einem Ast im Lagerfeuer herum. »Wenn Menschen einmal vom Schönstmöglichen gekostet haben, haften ihnen Geschmack und Geruch für immer an den Sinnen.«

Selims Blick verklärt sich und scheint wieder Vergangenes zu betrachten, und Ibrahim lässt ihn für einen Augenblick dort verweilen, bevor er fortfährt. »Und Miriams Duft blieb dir all die Zeit in der Nase?«

»Wie eine Witterung. Eine Fährte durch die Zeit und durch ganz Silshana.«

»Wie schön«, sagt Ibrahim und nickt wohlwollend. »Das freut mich für dich, denn dies ist eines der kostbarsten Geschenke, die es zwischen Menschen geben kann – in eines anderen Menschen Herz und Seele weiterzupulsieren, auch wenn viele Jahre und Kilometer dazwischenliegen.«

»Oh ja«, flüstert Selim. »Miriam pulsierte in mir. Wie das immerwährende Pochen eines zweiten Herzschlags.«

»Aber die Kerle in der Zisterne«, erinnert ihn Ibrahim, »was war mit denen?«

34. Satz
Agitato

»Gehört die Frau zu dir, Geiger?«, fragte einer der beiden Männer und deutete mit dem Kopf auf Miriam, die sich noch immer an der Säule festhielt.

Ja, dachte Selim. Und wie.

»Nein«, sagte er.

»Pack deine Geige ein. Lösch die Kerze. Wir machen einen kleinen Spaziergang.«

»Ich habe nur ein bisschen Musik gespielt.«

»Das hast du. Gehen wir.«

Während Selim seine Violine in den Koffer legte, trat einer der Männer auf Miriam zu, kontrollierte ihren Ausweis und machte ein paar Notizen. Offenbar ließ sich eine Liebe, der man nach siebzehn Jahren unvermittelt wiederbegegnete, nicht überzeugend verneinen.

Selim steckte die Kerze ein und griff nach dem Geigenkasten. Während die beiden Männer ihn durch die erstarrte Menge lotsten, warf er einen heimlichen Blick zurück. Miriam stand an der Säule und blickte ihnen nach. Dann verließen sie die Zisterne.

Die Gassen waren mit Gesprächen und Getuschel erfüllt, und alle, in denen die Musik nicht verstummt war, sondern in

Gefühlen, Gedanken und Worten weiterklang, erkannten in dem Mann mit dem Geigenkoffer sofort den Auslöser ihrer inneren Vibrationen und blickten ihm nach, bis er und seine Begleiter im *Küstenturban* verschwanden. Im Speiseraum vernahm Selims feines Gehör aus allen Ecken jene Atemlosigkeit, die einem nach Vorfällen von Sinnestrunkenheit für eine Weile die Sprache verschlägt, und die Blicke der Gäste ließen keinen Zweifel daran, dass er und seine Violine dies verursacht hatten. Seine beiden Begleiter brachten ihn in ein verqualmtes Hinterzimmer. Am Kopfende des Tisches lag ein Mann in den Kissen wie ein überfütterter römischer Imperator, und Selim hätte wohl angenommen, dass er sein ganzes Leben lang nichts weiter tat, als sich in kranker, aber harmloser Selbstliebe in dieser Räucherkammer für die Ewigkeit konservieren zu lassen. Aber jeder kannte diesen Mann aus dem Fernsehen, und die sichtbaren Auswirkungen seiner Befehle auf den Straßen von Syrakesh bewiesen, dass er selbst im Sitzen töten konnte. Er winkte Selim heran und ließ ihn mit einer gönnerhaften Geste neben sich Platz nehmen.

»Was hast du da nur gespielt?«

»Das war Paganini.«

»Was denn?«, fragte der Adjutant und blickte irritiert die beiden Männer an, die Selim aufgegriffen hatten. »Habt ihr mir den Falschen gebracht?«

»Dieser Herr dort hat die Musik gespielt«, flüsterte ihm einer der Kulturbeamten zu und deutete auf Selim und seinen Geigenkasten, »Paganini ist der Name des Mannes, der sie komponiert hat.«

Der Adjutant würdigte ihn keines Blickes und musterte Selim von oben bis unten. »Ein einfacher Straßenmusiker.« Er nickte. »Das wird eine tolle Wirkung haben.«

»Ich wollte nur etwas Musik machen«, sagte Selim.

»Ja. Musik. Kannst du noch mehr davon?«

»Mehr?«

»Na, andere Stücke. Vielleicht etwas Schwungvolleres?«

»Ich glaube schon.«

»Dann sehen wir uns am Wochenende.«

»Am Wochenende?«

»Der Ball im Palast. Der jährliche Empfang des Präsidenten. Es ist wieder so weit.« Er lächelte großherzig. »Du und deine Geige, ihr seid hiermit eingeladen.«

»Ich weiß nicht, ob —«

»Keine falsche Bescheidenheit. Du kommst. Und statt der Rede irgendeines Arbeiters wird diesmal deine Musik die Stimme des Volkes repräsentieren. Gib einem meiner Männer deine Adresse, dann wird man dir ein persönliches Einlassschreiben von mir zustellen.«

»Ich glaube nicht, dass meine Musik die richtige für einen so festlichen Anlass ist.«

»Du willst meine Einladung doch nicht ausschlagen, oder?«, fragte der Adjutant und blickte Selim freundlich an.

»Nein«, antwortete Selim leise. »Natürlich nicht.«

»Fein. Komm gut nach Hause.« Er wandte sich von ihm ab und begann ein leises Gespräch mit einem der Kulturbeamten, als sei der Mann mit der Violine bereits gegangen.

Selim erhob sich, und nachdem einer der Männer sich seine Adresse notiert hatte, verließ er den Raum und durchquerte den Speisesaal, in dem er neben anerkennenden Gesichtern auch besorgte Blicke bemerkte, von jenen, die wussten, wer im Hinterzimmer saß. Aber seine Gedanken waren nicht bei den Gästen und nicht bei der Vorladung zum Palastball. Er wollte so schnell wie möglich zurück zur Zisterne.

Hastig trat er durch die Tür in die Nacht hinaus.
Und da stand sie.

35. Satz
Amoroso

Miriam lehnte an einem Baum vor dem *Küstenturban* und blickte ihm entgegen. In ihrem Gesicht stand Angst. »Selim«, las er von ihren Lippen, während er auf sie zuging.

»Miriam«, flüsterte er, vielleicht weil er fürchtete, dass ihre Rückkehr aus seinen Erinnerungen in die Wirklichkeit erst verbindlich war, wenn er sie beim Namen nannte, und dass sie sich andernfalls wieder verflüchtigen würde. Fünf oder sechs Nachtschwärmer kreuzten lachend Selims Weg und unterbrachen für einen Moment seinen Blick auf Miriam, aber als sie vorüber waren, lehnte sie noch immer an dem Baumstamm und sah ihm entgegen.

Dann stand sie vor ihm, siebzehn Jahre lebensreicher als das Bild von ihr, das er all die Zeit in sich bewahrt hatte und das nicht mit ihr hatte heranreifen können. Doch er fand es in ihr geborgen, das Mädchen, das eine große Papiertüte mit Einkäufen für Arif in den Armen hielt, das mit einer Kokosnuss-Schale in der Hand neben ihm über den Strand schlenderte und sich nachts in Aminas Garten auf seinen Schoß setzte. Das Mädchen, das sich jederzeit in der Zisterne von ihm küssen ließ, es war noch da – umhüllt, aber nicht verdeckt von dem, was das Leben inzwischen hinzugefügt hatte.

Sie hatte noch immer Tränen in den Augen. »Alles in Ordnung?«, fragte sie mit stockender Stimme und deutete mit dem Kopf in Richtung *Küstenturban.*

»Mach dir darüber keine Gedanken«, sagte er leise, und dann stieß sie sich vom Baum ab, und sie gingen ein paar Schritte, schweigend und ein wenig hilflos, bei welchem Kapitel und mit welchen Worten sie an ihre gemeinsame Geschichte wieder anknüpfen sollten. Nach wenigen Metern zog sie ihn am Ärmel in eine einsame Gasse, und dort, wo sie ungestört waren, stellte er seinen Geigenkasten auf den Boden und öffnete seine Arme, und Miriam glitt hinein. Endlich, dachte er.

Sie wählten das Schweigen, um ihre Geschichte wieder aufzunehmen. Er spürte, dass ihr Beben schwächer wurde, während er sie hielt, und schließlich lag sie ruhig in seiner Umarmung und strich mit ihren Händen sanft über seinen Rücken. Trotz der vielen Jahre, in denen er sie ausschließlich in Gedanken hatte berühren können, fühlte ihre wirkliche Gestalt sich kein bisschen fremd an. Für eine Weile blieben sie einfach so stehen, im Schutz der verlassenen Gasse, und manchmal verstärkte er vorsichtig seine Umarmung, und dann seufzte sie jedes Mal leise, ein verräterischer Laut, aus dem er in Erfüllung gegangene Sehnsucht heraushörte, sich verflüchtigende Sorgen und noch etwas anderes, wie den Ton einer inneren Saite, die lange ungehört vibrierte und nun endlich einen Resonanzkörper gefunden hatte.

Schließlich zog er seinen Kopf zurück, um sie anzusehen. In der Nähe brannte eine Fackel und warf einen so warmen und flackernden Schein auf Miriams Gesicht, dass Selim für einen kurzen Augenblick fürchtete, sie könnte womöglich doch nur eine Erscheinung sein. Im Schimmer des Feuers loderten ihre Augen, unwirklich und schön wie eine Illusion, und Miriams Konturen flirrten im Licht, als sei sie eine Fata Morgana. Um sicherzugehen, hob er seine Hand und strich ihr die Haare aus dem Gesicht, die nicht mehr so kurz waren wie damals, sondern bis zu den Schultern herabhingen. Als sie lächelte und ihre Augen sich verengten, drückten die Lider ein paar verbliebene Tränen zu einem glänzenden Film auf ihren Pupillen zusammen.

»Du bist wieder da«, sagte Selim schließlich.

Sie nickte.

»Und bleibst du?«, fragte er und verspürte, als sie noch einmal nickte, eine tiefe Erleichterung, obwohl diesmal ein leichtes Zögern in ihrer Geste lag.

Dann löste sie sich aus seinen Armen und griff nach seiner Hand. »Lass uns ein Stück gehen«, flüsterte sie.

36. Satz
Decrescendo

»Angst«, sagt Selim. »Sie fraß an Miriams Seele. Ich konnte es gleich bei unserem Wiedersehen spüren. Dieser Eindruck, dass jemand wie ferngesteuert einen Weg geht, irgendetwas in ihm aber am liebsten die Gegenrichtung einschlagen würde. In Miriams Augen, in ihrer Mimik und in jeder einzelnen Geste, selbst in ihren Atemgeräuschen konnte ich den Zwiespalt erkennen, in dem sie steckte.«

»Du meinst, sie hätte wieder ausreisen können?«

»Nun, sie hatte ja einen amerikanischen Pass.«

»Verstehe. Aber sie ist nach Syrakesh zurückgekommen. Deinetwegen?«

Ein Anflug von schlechtem Gewissen legt sich für einige Sekunden über Selims Gesicht, doch dann ist es wieder von einer solchen Zuneigung erfüllt, dass Ibrahim sich seine Frage selbst beantworten kann. »Deinetwegen«, sagt er also und nickt zufrieden.

»Meinetwegen. Weil es ihre Heimat ist. Weil ihr Großvater starb. Sie wusste natürlich, was inzwischen aus Syrakesh geworden war, während sie in Wisconsin lebte, eine Ausbildung zur Arzthelferin machte und später in einer Praxis arbeitete. Aber sie wusste es nur aus den Medien. Ich glaube, die Wirklichkeit hier war für sie schlimmer, als sie selbst angenommen hatte. Als meine Musik sie in die Zisterne lockte und wir uns wiedersahen, war sie erst seit einigen Tagen zurück in Silshana, aber in dieser kurzen Zeit hatte sie mehr gesehen, als ein Mensch, der die letzten siebzehn Jahre in einem freien Land verbracht hat, auf einmal ertragen kann.«

»Hm.«

»Wir haben so lange geredet, dass die Nacht schon fast vorbei war. Über ihre Zeit in Wisconsin und meine in Syrakesh. Über Arif und Miriams Großvater. Und natürlich über unsere gemeinsamen Tage, bevor sie gehen musste. Die Erinnerungen ließen ihre Augen für eine Weile fröhlicher werden, aber dann hat sie mich plötzlich gefragt, ob vom alten Syrakesh nichts mehr übrig sei.«

»Und wie hast du ihr geantwortet?«

»Mit einem Ausflug ins Innere Tal«, sagt Selim und lächelt.

37. Satz
Espressivo

Tatsächlich verfügte das Paradies über eine Bushaltestelle. Vielleicht ein Zugeständnis an jene, die sonst nicht an es glaubten und sich so zumindest auf rein irdischem Weg einen Eindruck verschaffen konnten.

Den halben Tag lang waren Miriam und Selim unterwegs gewesen, quer durch Syrakesh, hatten in bummelnden Zügen gesessen und in schnaufenden Bussen, zwischen Menschen und panisch meckernden Ziegen, klappernden Käfigen voller Hühner und Gänse, zwischen Warenkörben, Kisten und einer phlegmatischen Kuh in einem Holzverschlag im hinteren Teil eines Busses. Weil viele Bauern sich keinen eigenen Transporter mehr leisten konnten oder sie ihn dem Staat immer häufiger für Bauarbeiten zur Verfügung stellen mussten, verfügten inzwischen die meisten Überlandbusse über improvisierte Viehboxen, in denen Kühe, Pferde, Schafe und Ziegen zum Schlachthof oder zum Wochenmarkt in die Stadt transportiert wurden. Jeder wusste, dass die Staatspolizei, wenn wieder einmal allzu viele ihrer Mannschaftswagen im Einsatz waren, auch Verdächtige in die Verschläge pferchte und zum Verhör brachte, wofür die Abgeführten ein Viehticket kaufen mussten. Lediglich für eine einfache Fahrt, was kein zynisches Entgegenkommen war, sondern ein Spiel mit der Angst und der Ungewissheit.

Von der Haltestelle im Nirgendwo wanderten sie zwei Stunden durch die Natur, und als sie am frühen Nachmittag einen Hügel hinaufgingen, lächelte Selim Miriam an.

»Lass uns ein wenig langsamer gehen«, sagte er, »und sehen, was der Hügel uns offenbart.« Mit jedem Schritt öffnete sich ihr Sichtfeld auf das, was hinter der Anhebung lag, ein kleines bisschen weiter und gab, Stück für Stück, den Ausblick auf jene Senke preis, die genau im Mittelpunkt von Syrakesh lag und deshalb das Innere Tal genannt wurde.

Schließlich breitete es sich vor ihnen aus, in einem weitläufigen Becken, über dessen hohe Wiesen langsam die Schatten kleiner Wolken glitten. Gewaltige Mammutbäume standen vereinzelt im Tal, stoisch und unbeeindruckt von den Jahrhunderten, als reichten ihre Wurzeln tiefer als Syrakesh selbst und verankerten die ganze Insel auf dem Erdball, egal, woher der politische Sturm gerade wehte. Weiter hinten fiel von einer Felswand ein gewaltiger Wasserfall in die Senke hinab, rauschend und schäumend, wie um sie bis zum Rand mit Leben zu fluten. Unten sprudelte das Wasser in einem Fluss zwischen Schilf und alten Weiden durch das Tal. Im Herzen Syrakeshs versteckte sich einer jener Orte, an denen man unweigerlich tiefer einatmete, vielleicht, weil so verschwenderisch viel Luft da war, vielleicht aber auch, weil solche Orte eine Seele ausdünsten und man sich etwas von ihr einverleiben möchte.

Als ausländische Fernsehteams das Land noch offiziell betreten durften, hatte die BBC eine zweiteilige Dokumentation über Syrakeshs versteckte Kleinode der Natur gedreht, unter anderem im Inneren Tal. Nun gerieten auf verschlungenen

Wegen nur noch Aufnahmen außer Landes, die nach Meinung der Reporter das für ein totalitäres Land Passende zeigten, einen vertrocknenden Inselstaat ohne Farben, eine sandig öde Szenerie, ausgebrannte Autos, verlassene Dörfer, martialische Präsidentenabbilder auf zerbröckelnden Hausfassaden, Schutt und Schüsse in verwackelten Filmaufnahmen, gerade so, als sei Syrakesh nicht mehr zu retten, oder schlimmer: als sei es gar nicht wert, gerettet zu werden. Zu perfide schien den Fernsehsendern der Gedanke, dass auch im Paradies die Hölle sein konnte – und dass selbst in der Hölle noch ein Fleckchen Paradies zu finden war. Ein Gedanke, der sich nicht denken ließ. Filmen schon gar nicht.

Es zählte zu den vielen Grausamkeiten einer Diktatur, ging Selim durch den Kopf, dass sie alles Definieren an sich riss. Weil dem Rest der Welt keine Wahl blieb, als den Blick auf die Gräuel zu verengen und die Pracht auszublenden. Weil die Schönheit von Natur, Mentalität und Kultur eines ganzen Landes zur Randnotiz in den Reisewarnungen Auswärtiger Ämter verkommen musste. Weil ein solches System in der Wahrnehmung kein Blatt mehr grün ließ, nicht mal die grünen.

»Was ist?«, fragte Miriam, als sie Selims nachdenklichen Blick bemerkte.

»Ich musste gerade daran denken, was die ausländische Berichterstattung von Syrakesh übrig gelassen hat«, sagte er. »Ein graues Land aus Sand und Tränen.«

»Das stimmt. Aber ist es denn nicht wichtig und der richtige Weg, genau das zu zeigen?«

»Es ist vielleicht nur ein Teil des richtigen Weges. Weil natürlich die Darstellung der traurigen Gegenwart die richtigen Fragen aufwirft. Aber dies hier«, Selim ließ seinen Arm über das Innere Tal gleiten, »ist die Antwort.«

Er blieb stehen und blickte sie an. »Weißt du, warum ich dich sofort wieder geliebt habe, nach all den Jahren?«

»Sag es mir«, lächelte sie.

»Weil auch unsere Liebe in einem Tal überlebt hat.«

»Ich möchte dir etwas erzählen«, sagte Miriam. »Über die Zikaden von Wisconsin.«

»Zikaden?«

»Es sind sehr spezielle Zikaden, und es gibt sie nur in bestimmten Teilen Nordamerikas. Sie leben siebzehn Jahre lang in der Erde vergraben. Aber dann kommt es zu einem wirklich faszinierenden Schauspiel, und einmal durfte ich es selbst mit ansehen.«

»Was denn?«

»Wenn die siebzehn Jahre vorbei sind und es Frühling wird, bricht überall die Erdkruste auf, und dann strömen sie hervor. Plötzlich erheben sich Abermillionen von Zikaden in die Luft.«

»Alle gleichzeitig?«

»Ja, zumindest innerhalb einer Region. Die gigantische Größe ihrer Schwärme, das Auftreten als geschlossene Gemeinschaft, das ist ja gerade ihr Trick, verstehst du? So kann kein Räuber der Welt sie je vernichten.«

»Das ist bestimmt ein sehr erhebender Anblick«, sagte Selim. »Irgendwie übernatürlich.«

»Du kannst dir vorstellen, was die Menschen früher gedacht haben müssen, wenn nach siebzehn Jahren auf einmal all dieses Leben aus dem Erdboden aufstieg. Manche Indianer glaubten an eine Wiederauferstehung und hielten die Zikaden für unsterblich.« Miriam lächelte. »Diesen Ruf hatten sie in anderen Teilen der Welt, zum Beispiel in China und in Griechenland, ohnehin schon weg, weil sich aus der scheinbar toten Larve plötzlich doch wieder schillerndes Leben erhob. So wurden die Zikaden schnell zum Sinnbild für die menschliche Seele. Für das, was nicht vernichtet werden kann.«

»Verstehe.« Selim nickte nachdenklich.

Sie setzten sich wieder in Bewegung. Der Pfad verlief nun neben dem Fluss, der rauschend an ihnen vorbei in die Gegenrichtung unterwegs war. Im Schilf hockten ein paar Wasservögel, die gurrend irgendetwas ausbrüteten.

»Selim?«, fragte Miriam schließlich.

»Ja?«

»Du hast etwas vor, nicht wahr?«

»Ich weiß nicht. Aber mir geht immer wieder Arifs traurige Musik auf den Dächern durch den Kopf. Was für ein eindringlicher Weckruf an die Gefühle! Ein unglaublich intensiver Appell aus starken, aufwühlenden Bildern … Ich habe mich gefragt, warum sein Spiel nicht mehr bewirkt hat. Vielleicht weil es Verzweifelte noch verzweifelter gemacht hat.« Er blickte sie an. »Es hat sie nicht in Bewegung versetzt. Es hat sie gelähmt.«

38. Satz
Patetico

Der Hain am Rande von Silshana erwachte in violettem Licht. Die Morgenröte war der heimliche Tagesanbruch, noch bevor die Sonne aufging, ein von der Schöpfung in den feuchten Himmel gemaltes Fresko, das sich ungeachtet seines meist überschaubaren Publikums so prachtvoll entfaltete wie ein Meer aus violetten Krokusblüten. Weil aber erst der Sonnenaufgang gemeinhin als Beginn des Tages empfunden wurde und dieser deshalb im Volksglauben Syrakeshs die »Erste Sure des Tages« war, galt die Morgenröte als »Sure der Geburt«. Ursprung dieser Legende war ein altes Märchen, in dem einer der frühen Kalifen des Inselstaates gefragt wird, warum er nicht täglich im Koran lese. »Aber das tue ich«, soll er geantwortet haben, »denn der Tag ist mein Koran, und ich lese ihn jeden Morgen mit neuen Augen.«

Zu dieser Stunde regten sich die ersten Vögel im Olivenhain. Lange Gräser bedeckten den Boden, und die Bäume, mehrere hundert Jahre alt und runzelig wie greise Männer, trugen Morgentau auf ihren Blättern und in den tiefen Furchen ihrer Stämme. Ein sanfter Wind strich an den Rinden entlang wie ein Cellobogen, der seinem Instrument Seufzer frisch entflammter Sinnlichkeit entlocken will, so stimulierend, dass sich selbst das Laub knisternd zu bewegen begann.

»Ich wollte dir den Himmel zeigen«, sagte Selim leise.

»In dieser Farbe hab ich ihn noch nie gesehen«, erwiderte Miriam. »Es ist —«

»— pathetisch?«

»Mh.«

»Die Aurora ist das Pathos des Himmels. Damit kriegt er uns immer.«

Miriam lächelte, dann nahm sie seine Hand, und sie schlenderten durch den Hain. Der Tau befeuchtete ihre Schuhe und Hosenbeine.

»Pathos«, fuhr er fort. »Die Ansprache der Gefühle. Vielleicht das wirkungsvollste Mittel überhaupt, um Menschen zu erreichen.«

»Aber auch das gefährlichste.«

»Du meinst in den Händen unserer Machthaber? Das stimmt wohl. Und hat eine bittere Ironie, denn ursprünglich war das Pathos ein Nebenprodukt von Demokratie und Rechtsstaatlichkeit. Es wurde als Stilmittel öffentlicher Diskussionen erfunden – und damit Angeklagte sich wirkungsvoll verteidigen konnten. Es ging um Gerechtigkeit.«

»Aber was ist, wenn es um Gerechtigkeit geht, wirklich ausschlaggebend? Argumente oder Gefühle?«

»Sind die Gefühle der Menschen denn kein Argument?«

Miriam blieb stehen und blickte ihn schweigend an. Das Violett des Hains wich wärmenden Sonnenstrahlen, die durch die alten Baumkronen drangen und den Hain in ein diffuses Licht tauchten. Kleine Partikel hingen darin in der Schwebe wie Ahnungen. Selim erwiderte Miriams Blick und griff nach ihren Händen.

»Nun, wir sind allein. Dann lass mal sehen«, sagte sie.

»Was denn?«

»Na, deine Argumente.«

Er zog sie an sich und nahm ihr Gesicht in seine Hände, so vorsichtig, als könnte es bei der geringsten Berührung entschwinden. Seine Finger fühlten ihre Wangen und ihre Haare, und für einen Moment fürchtete er, dass sie tatsächlich nichts anderes sei als eine greifbare Erinnerung.

»Meine Sinne können noch nicht glauben, dass du wirklich wieder hier bist«, sagte er leise, bevor sie ihre Lippen an seinen Mund schmiegte, eine ermunternde Berührung aus der Vergangenheit, die sein inneres Orchester in Wallung brachte.

»Jetzt glauben sie es schon ein bisschen mehr«, flüsterte er. Miriam legte ihre Hand in seinen Nacken und zog sein Gesicht enger an ihres heran, um ihm mit leicht geöffneten Lippen den Mund zu verschließen und ihr Zwiegespräch über die Worte hinauszuheben. Ihr Körper bewegte sich an ihm, verlockend und wie nach Antworten suchend, und es lag keinerlei Zögern darin. Langsam strichen seine Hände an ihrem Hals und den Schultern hinab bis zu ihren Armen, wo er sie besser festhalten konnte. Er verstärkte seinen Griff ein wenig, um sie an seine Nähe zu binden, und ihre Arme legten sich um ihn und erwiderten den Druck. Sie ließ ihre Lippen weiter auseinandergleiten, eine sinnlich-süße Einladung, die er sofort und behutsam annahm und auskostete, bis er spürte, dass Miriam sein Hemd aufknöpfte.

Als sie ihn schließlich in den Tau hinabzog, waren sie nackt und atemlos. Er lag neben ihr und schrieb ihr mit kreisenden Fingerspitzen sein Begehren auf die Haut, über ihren vibrierenden Bauch und dann immer tiefer, und schließlich löste sie sich aufstöhnend aus dem hingebungsvollen Kuss, mit dem er sie gefangen gehalten hatte. »Du trägst da eine ziemlich große Leidenschaft in dir, nicht?«, fragte sie keuchend, aber diesmal meinte sie es wirklich so, und lachend küsste er ihren Hals.

»Lass sie raus«, flüsterte sie in sein Ohr. »Schenk sie mir.«

Und dann glitt er über sie, spürte, wie sie ihn umfing und ihren Körper an seinen schmiegte, wie ihre Lippen sich wieder fanden und Miriams Hände sich auf seinen Rücken legten, wie sie vollkommen in ihn hineinflutete und sie eins wurden.

39. Satz
Sforzato

Nichts deutete darauf hin, dass diesem Tag etwas Besonderes innewohnen würde, er vielleicht von einem inspirierenden Klingen durchdrungen war, von beflügelndem Ansporn oder sonst irgendeiner schöpferischen Kraft, die geeignet wäre, unterschätzte Kräfte in Bewegung zu setzen. Und so kam es, dass im Schutze eines belanglosen Tages ein Mann in einer harmlosen Bibliothek eine machtvolle Idee ungestört zur Vollendung bringen konnte, während er zwischen Bergen von Musikbüchern und Partituren saß und das durchwühlte, was die Zensur von der Kultur übriggelassen hatte. Meistens war er tief in Notenblätter versunken und summte Melodien vor sich hin, und manchmal schwang seine Hand kaum merklich im Takt auf und ab.

Bald türmten sich so viele Bücher vor ihm, dass er fast hinter ihnen verschwand. Im Laufe der Jahrhunderte hatte der Mensch nicht nur immer weiter an der Violine gefeilt und sie außerdem mit Mythen und Legenden zu einem mächtigen Instrument erhoben. Mit der Zeit hatten die Komponisten auch einen unerschöpflichen Vorrat an Geschichten verfasst, beseelt von dem Wunsch, dass dieses Instrument sie besonders bewegend erzählen und so zu etwas Unvergesslichem machen möge. Getragen wurde diese Zuversicht von der Annahme, Eindringlichkeit bedeute bestenfalls, dass tatsächlich etwas in die Menschen eindrang – und von ihnen nicht nur verinnerlicht wurde, indem sie es wirklich tief in sich hineinließen, sondern auch, indem sie es dort bewahrten.

Verinnerlichtes, dachte Selim, war nicht nur von Tiefe geprägt, sondern auch von Beständigkeit. Vieles hatte er in den vergangenen Jahren erfahren, und gemeinsam mit dem, was in den letzten Tagen hinzugekommen war, hatte er fast alles zusammen, was er brauchte. Was noch fehlte, war die richtige Geschichte. Es musste ein Musikstück sein, das pathetisch war und an den Gefühlen rührte. Und von besonderer Eindringlichkeit wäre es wohl dann, wenn es nicht einfach aus Klängen bestand, sondern aus ausdrucksstarken Bildern. Wenn es tatsächlich mit seinen Noten, so wie ein Buch mit Sätzen, eine emotionale Geschichte erzählte, eine leidenschaftliche Szene beschrieb. Solche Kompositionen gab es natürlich mehr als genug, aber die Herausforderung lag darin, die wirklich passende ausfindig zu machen.

Etwas nahm Gestalt an. Die Erinnerung an einen Komponisten, den er schon einmal gespielt hatte, damals, auf dem Platz an dem zerschossenen Mosaikbrunnen, hier in Silshana. Viele von Camille Saint-Saëns' Stücken waren regelrechte musikalische Erzählungen, so wie sein Oratorium *Die Sintflut*, das bei der Uraufführung seinem Namen alle Ehre gemacht hatte, indem seine gewaltige Ausdruckskraft im Publikum schäumende Wellen aus Empörung und Begeisterung zu einer wahren Saalschlacht hatte aufbranden lassen. Wenn es einen Komponisten gab, der eigentlich eher ein Geschichtenerzähler war, ein Schriftsteller, der statt Buchstaben Noten benutzte und statt Kapiteln musikalische Sätze, dann war es Camille Saint-

Saëns. Sein *Karneval der Tiere* hatte die Welt erobert, ein Stück wie ein Klangzoo, in dem allerlei Getier mit Musik dargestellt wurde, teils als böse Parodie auf die eigenen Komponistenkollegen. Saint-Saëns hatte, genau wie Paganini, den Instrumenten auch im ganz wörtlichen Sinne eine Stimme verliehen und sie das Gebrüll von Löwen imitieren lassen, Eselsgeschrei, den Kuckuck, andere Vögel ...

Zum Beispiel den Ruf des Hahns.

Und plötzlich wusste er es. »Natürlich«, sagte er überrascht und so laut, dass einige Bibliotheksbesucher erschrocken zu ihm herüberblickten, als sei er nackt aus einer Badewanne gesprungen. Ein Oratorium oder den *Karneval der Tiere* würde er niemals allein mit seiner Violine bewältigen können. Aber der Hahn hatte ihm ein anderes Stück von Saint-Saëns ins Gedächtnis gerufen. Eine sinfonische Dichtung, die zwar ebenfalls kein Solostück für Violine war, sich mit ihr aber dennoch bändigen ließe. Aus dem Bücher- und Papierstapel vor sich suchte er die Partitur heraus: den *Totentanz*.

Selim vertiefte sich in die Musiknoten.

Und lauschte ihrer Geschichte.

40. Satz
Appassionato

So regungslos, wie es für den Besucher eines nächtlichen Totenackers und seiner schlafenden Bewohner nur wünschenswert sein kann, liegt der Friedhof im dunkelblauen Licht. Um ihn herum hatte man einen verschnörkelten, mit spitzen Pfeilern bewehrten Zaun geschmiedet. Zum einen, um Ausbrüchen vorzubeugen, was einiges über die Lebenden sagt; zum andern, um Einbrüche zu verhindern, was noch viel mehr über sie verrät.

Der Mond schickt sein Licht durch den Nebel, aus dem zerbröckelnde Grabsteine ragen, letzte Fragmente des Gedenkens über dem Dunst aus Vergessen, im Verfall begriffen wie die Erinnerungen selbst. Die alten Grüfte wohlhabender Familien erheben sich neben den morschen Holzkreuzen der Besitzlosen, denn selbst die Nacht hat ihre Hierarchien. In den Ecken flackern die Feuerzungen der Ewigen Lichter, die nur eine Illusion sind, da sie in Wahrheit wieder und wieder neu entzündet werden, vielleicht weil die Liebe der Lebenden manchmal eben doch immer aufs Neue entflammt werden muss. In der Luft liegt jenes Summen des Unfassbaren, das auf allen Friedhöfen und überhaupt an Orten des Todes aus sämtlichen Winkeln dringt.

Doch dann gibt es ein Geräusch sehr irdischer Natur. Drüben im Dorf läutet die Kirchturmglocke zwölf Schläge in eine bisher brachliegende Nacht hinein.

Und nun erwacht etwas.

Noch während der letzte Glockenton verklingt, schreitet eine Gestalt durch das Friedhofstor und setzt sich auf einen der Grabsteine, eine achselzuckende Geste häuslicher Bequemlichkeit, die sich außer ihr wohl niemand herausnehmen würde. Unter dem weiten Mantel holt sie einen Gegenstand hervor, den man in ihren Händen nicht erwartet hätte, weil seine Musik eigentlich viel zu unsterblich ist, um vom Tod berührt zu werden. Es ist eine Violine.

Der Gevatter ist gekommen, um Musik zu spielen.

Das Instrument hervorzuziehen, es ans klapprige Kinn zu legen und den Bogen anzusetzen, ist eine einzige fließende Bewegung. Nur einen Augenblick später treibt die Violine ihre ersten verlangenden Töne mitten ins Herz der Stille. Und dann ändert sich alles.

Der Tod spielt Walzer, ausgerechnet. Musik aus schwungvoller Lebensfreude, gespielt an einem Ort, wo alles Leben endet, und von einem, dessen einzig bekannte Mission darin besteht, das Dasein auszulöschen. Kaum freigesetzt, möchte die fordernde Melodie gierig irgendwem in die Glieder fahren, und sie bleibt nicht ungehört. Überall reißt die Erde auf, und aus den Spalten kriechen die Skelette hervor und beginnen im Takt des Walzers zu kreisen. Das Mondlicht, das die Farben verblassen lässt, aber die Konturen schärft, bricht durch die leeren Brustkörbe. Immer mehr bleiche Tänzer fahren aus ihren Gräbern hoch und werden in den rauschenden Wirbel gesaugt, der durch die Kraft der gemeinsamen Bewegung selbst die willenlosen Nebelgeister mit sich zieht und ihnen Leben einhaucht.

Gevatter Tod reißt in Ekstase den Violinbogen so wild hin und her, als wolle er damit den Geigenhals absägen. Und immer leidenschaftlicher wirbelt mit klappernden Knochen durch die Nacht, was normalerweise bewegungslos unter der Erde harrt. Zwischendurch könnte man meinen, der Strudel der Skelette käme atemlos zur Ruhe, aber dann bäumt er sich doch rebellisch wieder auf, weil die Erweckten erst von ihren Möglichkeiten ablassen wollen, wenn es gar nicht mehr anders geht, wie ein ausgehungertes Greifen nach jedem Bröckchen Leben, das man ihnen hinwirft. Und der Gevatter spielt, als die Nacht schließlich unabwendbar ihren eigenen Tod zu sterben beginnt, gönnerhaft noch einmal kraftvoll auf, und jetzt legen die Tänzer erst richtig los, schwappen in einer Brandung aus saufenden Wellen über den ganzen Friedhof und überschwemmen alles mit ihrer Gier nach Leben. Unfassbar, wie sich erst am Ende aller Wege alles zum größtmöglichen Tumult aufbäumt. Doch dann passiert, was sich auch mit der wildesten und selbstvergessensten Tanzerei nicht aus der Schöpfung herausschleudern lässt.

Die Nacht weicht dem Morgen.

Ein einziger, kleiner Hahn verkündet mit seinem Ruf den Anbruch des Tages. Doch für die Skelette bedeutet er die Rückkehr in die Leblosigkeit, weil irgendetwas ihnen das Licht vorenthalten will, und auf einen Schlag gefriert die ganze Gesellschaft mitten in der Bewegung. Plötzlich herrscht absolute Stille, ein Moment aus Fassungslosigkeit und maßloser Enttäuschung. Und dann sacken sie allesamt zusammen, zurück ins Erdreich, ohne Worte und ohne Widerstand.

Seelenlos.

Und tot noch dazu.

41. Satz
Appassionato

An jenem Abend ließen die Wachen einen Mann in den Palast, der in ihren Augen von einer solchen Bedeutungslosigkeit war, dass nur das persönliche Einlassschreiben des Adjutanten in seiner Hand ihn vor der vollständigen Unsichtbarkeit bewahrte. Die wortkarge und nahezu ausdruckslose Aufwartung, die er dem alten Diktator machte, vervollkommnete seine augenscheinliche Genügsamkeit, und nachdem er dem Gastgeber vorgestellt worden war, wurde er als possierlicher Einfall des Adjutanten kurz in der Riege der Staatsmänner herumgereicht. Dies war einer aus dem gewöhnlichen Volk, wie Hunderte andere auf dem Ball, die im Angesicht der Einflussreichen immer ein wenig sprachlos waren und deshalb zur Aufwertung schulterklopfender Schwadroneure aus der Machtelite zu einem solchen Abend einfach dazugehörten.

Fast die ganze Nacht bewegte Selim sich im Kreise von Statisten, die man zur Vorspiegelung öffentlicher Lebensfreude vorgeladen hatte. Arbeiter, Angestellte, Studenten, Rentner, Hausfrauen und Kinder waren zusammengetrommelt worden wie zu einem großen Spiel mit lebenden Puppen, die man anschließend wieder in einem dunklen Karton zu verstauen gedachte. Heute Abend durften sie für eine Weile an jenem Reichtum teilhaben, den sie mit ihrer Arbeit und ihrem Dasein sonst nur anderen verschafften. Sie durften sich an einem gewaltigen Büffet laben und bis in die Morgenstunden durch den Saal tanzen, unter goldenen Kronleuchtern und wallender Seide, und anschließend durften sie in ihre Viertel zurück und berichten – von der edlen Gesinnung des Staatsoberhauptes, von seiner Bürgernähe, von seiner herzbewegenden Dankesrede an das einfache, tapfere Volk.

Und von Selim, dem Geiger, einem von ihnen, dem die Ehre zuteil wurde, in diesen Hallen zum Tanz aufzuspielen. Die Nacht war schon fast vorbei, da gab der Adjutant ihm endlich ein Zeichen, und die dröhnenden Trompeten und Trommeln des Staatsorchesters verstummten. Der Diktator ließ sich aus seinem Stuhl helfen. Gestützt vom Wirtschaftsminister und dem Chefredakteur der *Morgenröte* stand er auf wackeligen Beinen und blickte abwartend zur Bühne, wo der Straßengeiger bereits ein paar Worte mit den Musikern wechselte. Als Selim schließlich vortrat, war der Saal von einer so makellosen Stille erfüllt, dass er seinen Anzug rascheln hörte, während er langsam die Violine an den Hals setzte und den Bogen in Position brachte.

Der Morgen rückte näher, aber was scherte die Musik die Zeit, also eröffnete die Harfe mit zwölf Mitternachtsschlägen den *Totentanz*, die einzige Begleitung, die Selim sich erbeten hatte. Den Rest des Stücks würde er alleine spielen. Als die letzten Harfentöne verebbt waren, zupfte er mit den Fingerspitzen die Geräusche leiser Schritte, zu denen er die Bühne verließ und mitten unter die Menschen trat, aber das Publikum fand keine Zeit, sich zu wundern, denn schon legte sich der Bogen an die Saiten und gab eine verheißungsvolle Melodie in die Violine. Die ersten Takte, erkundend wie ein umherfliegendes Insekt, nutzte Selim, um in die Mitte des Saals zu gelangen. Und dann, nur wenige Atemzüge später, als unerwartet und mit ungeheurem Schwung das Walzerthema erklang, begann sich die Wirkung der Musik zu entfalten.

Einige Gäste warfen sich verunsicherte Blicke zu, während sie bereits in ein kaum merkliches Hin und Her fielen, wie ein beschwingtes Auspendeln von Möglichkeiten, angestupst von der Musik. Stoffe begannen zu rascheln, zunächst nur ganz leise, aber dann wurden die verräterischen Geräusche lauter, die ersten Füße lösten sich vom Parkett und glitten voran, machten ein paar zögerliche Schritte und formten Figuren. Behutsam schwebten die ersten Paare durch die Reihen jener, die noch in ihrer Unentschiedenheit gefangen standen, aber immer tiefer fuhren Selims Klänge allen in die Glieder, und mehr und mehr Tänzer gerieten in den Sog hinein. Der Chefredakteur löste sich in selbstvergessener Trance von der Seite des Diktators und verschwand in der kreisenden Menge, und als auch der Wirtschaftsminister vom Arm des Despoten gesaugt wurde, gab es kein Halten mehr. Mit einem Mal fuhr eine Bewegung in die Gesellschaft, wie es sie die ganze Nacht hindurch bei keinem einzigen Tanz gegeben hatte, verlangend und alles Empfinden mit sich reißend. Diesmal wurden die Tanzenden nicht vom Rhythmus der Galeerentrommeln vorangetrieben, sondern von den eigenen Gemütsbewegungen, denn zum ersten Mal an diesem Abend kam die Musik nicht von Notenblättern und Befehlen, sondern aus wahrhaftigen Empfindungen. Und so lag etwas darin, etwas Unfassbares, das an den Tiefen menschlichen Fühlens rührte, indem es über eine verborgene innere Saite strich und damit jeden in einen Taumel tiefer Bewegtheit versetzte. Plötzlich war der ganze Saal ein gewaltiger Wirbel aus tanzenden Körpern, ein schwindelerregender Rausch aus wonnetrunkenen Männern, Kindern und Frauen, deren wehende Tücher auf einmal wie Flügel zu sein schienen, und mittendrin, im Herzen dieses Strudels, stand Selim und spielte. Spielte, als gelte es, alle Verzückung dieser Welt zu entfesseln, und dabei dachte er daran, wie Arif ihn mit dem Klang der Lerche auf die Lichtung zwischen den Fichten gelockt hatte. Wie unzählige Geigenbauer, Komponisten und Musiker ihre Seele in die Vervollkommnung dieses einen Musikinstruments hatten hineinfließen lassen. Wie er Miriam zum ersten Mal begegnet war und wie sich bei ihrem Anblick sein inneres Orchester mit ungeheurer Wucht gerührt hatte. Wie sie sich in der Zisterne geküsst hatten. Und all dies gab er in die Violine, als sei sie ein magisches Artefakt, das im Laufe der Jahrhunderte von seinen Meistern zu höchster Vollendung gebracht worden war. Immer wieder ließ Selim, was er in Flammen gesetzt hatte, auf die Glut herunterbrennen und dort glimmen bis an die Grenze der Unerträglichkeit, nur um dann das Feuer erneut zu entfachen und noch hitziger lodern zu lassen. Und kurz bevor Saint-Saëns' Stück am Ende seiner Kräfte war, brauste es noch einmal zu einem mächtigen Wirbelsturm auf, und Selim zog den Bogen wie ein Besessener, während die Tänzer fast die Besinnung verloren, aber dann, genau in diesem Augenblick alles mitreißender Ekstase – hielt Selim plötzlich inne.

42. Satz
Vibrato

Dass Stille etwas Gutes ist und nicht lähmende Furcht, nicht die Pause vor dem Gnadenschuss, nicht die Sekunde vor dem markerschütternden Schrei eines gerade aus der Zelle gezerrten Mitgefangenen, nicht das Verstummen Andersdenkender, nicht die brodelnde Ruhe vor der nächsten Razzia und nicht das perfide Schweigen des Verhörspezialisten auf die Antworten eines Verdächtigen – das war ein solch ungewohntes Erlebnis, dass Selim es als Wagnis empfand, die Violine an dieser Stelle für einen Augenblick still sein zu lassen. Sanft vibrierend verharrte der Bogen über den Saiten, als fühlte er prüfend dem nach, was er angefacht hatte, gut gemeint und doch in Gefahr, als verwerflich empfunden zu werden. Und erst nachdem Selim auch dem unwahrscheinlichsten Nachbeben der letzten Note hinreichend Zeit gewährt hatte, senkte er den Bogen wieder auf die Saiten, und was nach der Stille kam, war Erwachen.

Fünf einzelne Töne drangen in die plötzliche Erstarrung einer Ballgesellschaft, die gerade noch in einem Strudel aus Stoffen, Lachen und Ekstase übers Parkett gewirbelt war. Fünf Töne, wie in eine jäh versteinerte Kulisse gemeißelt, unzweifelhaft und nicht einfach wieder aus der Welt zu räumen. Der

Ruf des Hahns, in Saint-Saëns' Orchesterversion von der Oboe gespielt, nun aber von Selims Violine und Gabe umformuliert zu einer unverfrorenen und existenziellen Zwischenfrage.

Nach einer weiteren kurzen Pause setzte Selim den Bogen wieder an, und der tieftraurige, erschütternde Klang des Zusammensackens entwarf ein Bild von Ohnmacht und Unterwerfung, von Fremdbestimmung und dem devoten Zurücksinken in ein lebloses Leben, ganz kurz nur, aber mit dem hinterfragenden Unterton, ob dies wirklich die Antwort sein sollte – oder ob der Schrei des Hahns nicht doch ein Weckruf sein könnte.

Das Zusammensacken begann nicht dort, wo man es erwartet hätte. Der alte Diktator war inzwischen auf sich allein gestellt. Der Chefredakteur und der Wirtschaftsminister, bei denen er eingehakt gewesen war, standen mitten in der erstarrten Menge. Und nun, ohne seine Stützen, rang der Despot mit dem Gleichgewicht, starrte fassungslos direkt in Selims Gesicht, der in diesem Moment den letzten Ton des *Totentanzes* verklingen ließ und dann die Violine einfach weiter hielt, als gehöre die anschließende absolute Stille noch mit zum Spiel. Schwankend setzte der Diktator einen Fuß nach vorne und stieß, überrascht von der plötzlichen Schwierigkeit schlichten Vorankommens, einen Laut zwischen Bestürzung und Wut aus. Noch während er zu einem weiteren Schritt ansetzte, zeichnete sich in seinem Gesicht ab, dass er damit scheitern würde. Begleitet vom leisen Klimpern aneinanderreibender Orden verlor der Diktator endgültig das Gleichgewicht, und keinen Atemzug später saß er auf dem Boden, die Beine merkwürdig menschlich von sich gestreckt, die Schirmmütze schief in der Stirn und das Gesicht für einen Moment ohne Fassade und bis zur Kenntlichkeit entstellt. Körpergröße und Haltung erinnerten plötzlich eher an ein spielendes Baby.

Der Chefredakteur löste sich als Erster aus der Starre und gab den Fotografen heimlich einen Wink. Als die Blitzlichter zuckten, setzte der Tumult ein. Hunderte von Menschen begannen wild zu gestikulieren und so ungestüm aufeinander einzubrüllen, dass es aus dem Palast herausdrang und noch in den angrenzenden Straßen zu hören war. Als ob der Nachhall des Walzers nun die Gedanken der Gäste in Bewegung versetzt hätte, kreiste eine gemeinsame Überzeugung mit unaufhaltsamem Schwung durch den Saal. Nein, lautete diese Überzeugung, die jeder Einzelne schon so lange in sich getragen hatte und nun ausgerechnet direkt vor den Augen des Diktators herausließ, wir wollen uns nicht von einem Tanzball ein schwungvolles Leben vorgaukeln lassen und dann wieder in die Totenstarre zurückfallen wie diese Skelette. Wir tanzen nicht nach der Musik des Todes, wir haben eine eigene. Wir wollen uns nicht so weit unterdrücken lassen, dass uns schon das Erdreich über den Kopf wächst. Wir haften nicht an der Nacht, wir wollen Licht. Wir wollen uns nicht in einer Endlosschleife aus Dunkelheit bewegen.

Und dann übertönte eine Stimme alle anderen. Laut und sicher und alles zusammenfassend, was in dieser Sekunde im Saal über den Sinn des Daseins gedacht und gerufen wurde: »Wir wollen Walzer tanzen«, brüllte der Chefredakteur in den Tumult, »aber wir wollen uns nicht im Kreis drehen!«

Die Menge jubelte zustimmend. Der Diktator, dem inzwischen zwei Leibwächter auf einen Stuhl geholfen hatten, starrte noch immer Selim an. »Ergreift ihn«, flüsterte er schließlich, und während die Wachen auf den Mann mit der Violine zustürmten, schwirrte die Menge an ihnen vorbei wie ein aus dem Schlag befreiter Schwarm Brieftauben mit einer wichtigen Botschaft, hinaus und durch den Palastpark, wo sich im erwachenden Morgen ein Meer aus strahlend weißen und violetten Krokusblüten zu entfalten begann.

Über Nacht war in Syrakesh der Frühling angebrochen.

43. Satz
Pianissimo

Nichts.

Nur Dunkelheit.

Weil er die Situation nicht einordnen konnte, weder die Zeit noch den Ort noch seine eigene Rolle darin, blieb Selim zunächst einfach liegen und wartete. Harter Stein drückte gegen seinen Rücken. Hinter der Stille schien es mehr zu geben, aber seine Sinne waren noch zu betäubt, um dafür eine Erklärung zu finden.

Im Blickfeld seiner Augen war alles schwarz wie das Innere einer Gruft. Sein Körper schien unverletzt zu sein, zumindest empfand er keine Schmerzen. Langsam bewegte er die Fingerspitzen und die Zehen. Dann drehte er vorsichtig seinen Kopf nach rechts und nach links. Auch dort gab es nur Dunkel.

Als er seine Arme bewegte und schließlich seinen ganzen Körper, merkte er, dass er offenbar in fremder Kleidung steckte. Dem Rascheln, das an seine Ohren drang, fehlte das Vertraute. Als er irritiert genauer hinfühlte, spürte er, dass der Stoff ein anderer war, gröber und unbeweglicher. Grob und unbeweglich schien auch Selims Wahrnehmung, auf der ein verzerrender Schleier lag. Die Wirklichkeit kam nur ansatzweise hindurch. So eindeutig fremd das Rascheln der Kleidung war, so wenig ließen sich andererseits die Geräusche deuten, die weiter aus der Ferne klangen.

Er kniff die Augen zusammen und öffnete sie wieder. Der dunkle Vorhang blieb. Dann richtete Selim sich auf, wobei ihm jeder einzelne Wirbel von innen in die Haut biss. Er hatte wohl schon länger hier gelegen. Als er saß, verflogen die Irritationen, und die Laute aus dem Hintergrund wurden deutlicher. Er wünschte, sie hätten es nicht getan.

Es war das Klagen eines geschundenen Menschen oder von jemandem, der andere geschunden hatte und sich dabei plötzlich selbst gegenüberstand. Einer, der nur noch zu wortlosem Winseln in der Lage war, gequält von unbekannten Peinigern oder von seiner eigenen grenzenlosen Bosheit. Ein Wesen, das um Hilfe bettelte oder um eine noch endgültigere Form von Erlösung, obwohl es längst begriffen hatte, dass das Schicksal ihm weder das eine noch das andere verschaffen würde. Zumal es an einem Ort, wo solcherlei Wehklagen denkbar war und demzufolge kein Erbarmen existierte, auch ein Schicksal möglicherweise überhaupt nicht mehr gab.

Langsam stützte Selim sich auf Händen und Knien ab.

Dann kroch er los.

Vorsichtig tastete er sich durch die Finsternis. Bewegte er sich geradeaus? Nach wenigen Metern stieß er auf eine Wand. Seine Finger fühlten glatte Kacheln. Keuchend richtete er sich auf und strich mit den Händen über die Wand, fand aber nichts. Er schritt an der Mauer entlang und suchte sie ab, nach einem Waschbecken vielleicht oder einer Tür, aber bis zur ersten Raumecke gab es nur Fliesen. Die Ecke schien rechtwinklig zu sein.

»Nummer eins«, flüsterte er und erschrak ein wenig beim Klang seiner eigenen Stimme. Während er voranschlich, versuchte er dem Dunkel weitere Informationen zu entlocken. Dafür, dass er auf einem Steinboden gelegen hatte und die Wände gekachelt waren, war ihm auffallend warm, ein Umstand, den er nicht nur der fremden Kleidung verdankte, wie die weiche Nuance in seiner Stimme ihm verraten hatte. Der ganze Raum war von Wärme erfüllt. Das Wehklagen aus der Ferne war inzwischen verstummt.

Nachdem er Ecke Nummer zwei passiert hatte, blieb er stehen und atmete tief ein. Von dem, was seine Nase identifizierte, lag nur ein Hauch in der Luft, aber Selim spürte sofort den Würgereiz in seinem Hals. Es war jener Geruch, dessen Sarkasmus darin begründet lag, dass gerade sein Heiligenschein aus strahlender Reinheit die Existenz widerlichster Teufeleien erst recht verriet. Spuren von Desinfektionsmittel, dessen Aufgabe nur sein konnte, Perversionen zu verwischen. Im Raum roch es nach weggeschrubbtem Grauen.

Die Dunkelheit war wie eine unendlich große, leere Leinwand, die nun mit Schreckensbildern belebt wurde, frei von wirklichem Wissen und angefüllt mit Ahnungen und Spekulationen. Wer Menschen wirklich quälen will, lässt sie zwischen den Möglichkeiten hängen.

Als Selim nach der vierten rechtwinkeligen Ecke wieder bei der ersten ankam, hatten seine Hände nichts weiter als Kacheln ertastet.

Nicht einmal eine Tür hatte er gefunden.

44. Satz
Spirituoso

Verkrustungen rissen auf, und mit einem Mal war die Luft von einem Schwirren erfüllt, das sich rasch in ganz Syrakesh ausbreitete. Ein immer bewahrtes, nun aber frisch beflügeltes Freiheitsgefühl durchdrang Mauern und Maulkörbe, ein Summen aus Worten und Gedanken, aus endlich freigesetztem Begehren und Höhenflügen plötzlich erlöster Geisteshaltung. Bedürfnisse brachen aus ihrem Versteck hervor, hinein ins Licht und in die Erkennbarkeit. In den Straßen wuchs das Einvernehmen zu gigantischen Schwärmen an, gegen die kein Gewaltschlag auf Dauer etwas ausrichten konnte. Von Träumen, die man begraben geglaubt hatte, stellte sich heraus, dass sie in Wahrheit in einer Art Mutterboden nur immer weitergereift waren und Flügel entwickelt hatten, um sich eines Tages endgültig der Schwerkraft des scheinbar Unabänderlichen zu widersetzen.

Diese Zeit war nun gekommen. Überall in Syrakesh stieg, was verloren gewesen schien, in die Luft auf, und frisch erwachter Tatendrang ließ die Atmosphäre vibrieren. Entfesselte Kräfte verschafften sich Raum und krochen in so viele Ecken, dass sie sich nie wieder einfangen lassen würden. Die Ausgabe der *Morgenröte*, deren Titelseite groß das Bild eines auf den Hosenboden gestürzten Despoten mit schief sitzender Schirmmütze zeigte, überflutete die Straßen, Teestuben und Gespräche, und als der Diktator mit einer glühenden Rede vor seinem Palast die Situation für sich zurückgewinnen wollte und ein Schwarm Menschen ihn einfach wortlos umhüllte, war er endgültig gefallen. Niemand von denen, die ihn ergriffen und in Richtung Gefängnis davontrugen, besaß eine Waffe, aber es waren so viele, die den Platz vor dem Palast überschwemmten, dass die Soldaten nicht wagten einzugreifen, sondern ihre Gewehre niederlegten, als seien es ohnehin nicht ihre. In jenen Tagen sollten noch unzählige Waffen zu Boden fallen, aber nur eine einzige war vorher abgefeuert worden. Der Adjutant des Diktators, der sich als Auslöser all dieser Ereignisse sah, weil er den Straßengeiger zum Ball eingeladen hatte, verbrachte die letzten Momente seines Lebens in sprachloser Zerrissenheit, mutterseelenallein und mit ungläubigem Blick auf den Abtrünnigen in seinem Schlafzimmerspiegel, bevor er ihm den Revolver an die Schläfe setzte und abdrückte.

Nicht weit entfernt sammelten sich um den halb zerschossenen Mosaikbrunnen und auf den Stufen der Arkaden Abertausende brennender Windlichter und Öllampen an. In Aminas Garten legten ein paar Anwohner die Leiter an eine überlebensgroße Statue des Diktators, um hinaufzuklettern und ein Nest mit frisch geschlüpften Tauben aus der Umklammerung einer marmornen Hand zu retten. Dann warteten sie den nächsten Ruf des Muezzins ab. Während zweimal »Ich bezeuge, dass es keinen Gott gibt außer Allah« ertönte, stürzte die Statue in den Dreck.

An einem anderen Ort in Silshana summte es unter der Erde. Hier wimmelte es von Studenten in kreativem Wirken, und auch sie hielten keine Waffen in den Händen, sondern Farbtöpfe und Pinsel. An steinernen Säulen formten sie Buchstaben zu Worten, Worte zu Sätzen und Sätze zu lyrischen Weltbildern.

45. Satz
Piano

Die Dunkelheit blieb. Er wusste weder, ob es Tag war oder Nacht, noch, wo er sich befand. Im Dunkeln lag auch sein Schicksal. Selim schätzte, dass er seit drei Tagen hier eingesperrt war, denn in der Zwischenzeit hatte sich sechsmal ein kleiner Spalt in Bodennähe geöffnet, und sie hatten ihm eine Plastikflasche mit Wasser und etwas Brot hindurchgeschoben. Er vermutete, dass er jeweils am Morgen und am Abend eine Ration bekommen hatte, wusste aber nicht, welche davon das Frühstück war. Auf sein Rufen hatte hinter der Klappe niemand reagiert, aber immerhin war für ein paar kurze Momente etwas Licht in sein Gefängnis gefallen und hatte ein kleines Stück Boden vor der Durchreiche beleuchtet. Der Raum war in unschuldigem Weiß gefliest.

Selim hatte schon öfter davon gehört, dass Menschen in Syrakesh verschwanden, und vielleicht waren auch sie in dieser Kammer gelandet. Gut möglich, dass es davon nicht nur eine gab, sondern Hunderte. Überall im Land verteilte Zellen, in denen der Staat die Unliebsamen isolierte wie ansteckende Kranke.

Dass er noch am Leben war, hatte vermutlich nichts zu bedeuten. Wenn sie ihn nicht sofort erschossen oder mit dem

Schwert geköpft hatten, hieß das nicht, dass sie ihn nicht töten wollten. Das Spiel mit der Unberechenbarkeit, mit der Hoffnung und der jähen Zerstörung derselben war längst so ausgefeilt, dass selbst die Vollstrecker des Diktators manchmal vom Ausgang ihrer eigenen Handlungen überrascht wurden. Um nicht von seiner Angst überwältigt zu werden, schloss Selim die Augen, und aus der Landschaft des Gewesenen kam Miriam auf ihn zu und zog einen Dunstschleier hinter sich her, in dem sich wie eine Fata Morgana der Strand von Silshana abzeichnete.

»Weißt du, was mit mir geschehen ist?«, fragte er sie, aber die Erinnerung hielt natürlich keine Antworten bereit, die jenseits des Erlebten lagen. Er wartete trotzdem ein paar Minuten, dann nickte er. »Kein Problem«, flüsterte er ihr zu. »Du bist da, das genügt.«

Es genügte nicht. Als er seine Augen wieder öffnete, kehrte die Angst auf der Stelle zurück. Das Arglistige am Trick mit der Ungewissheit war, dass er, wenn man ihn durchschaut hatte, nur umso besser funktionierte.

Das Zimmer, in das man ihn vom Tanzsaal aus gezerrt hatte, war das Letzte, was Selim mitbekommen hatte: der Untersuchungsraum eines Arztes, mit einer Liege, Aktenschränken, einem großen Schreibtisch und einer Wasserschale voller frisch gepflückter Knospen des Küstenturbans. Dort hatten sie ihm seine Violine weggenommen. »Wenn die Dame so viel zu erzählen hat, sollten wir euch wohl voneinander trennen und sie einer eigenen Behandlung unterziehen«, hatte einer der Soldaten gesagt und mit spöttischer Miene Handschellen um sein eigenes Handgelenk und den Geigenhals gelegt. Dann war er theatralisch mit ihr ringend davongegangen, als würde er eine widerspenstige Gefangene abführen.

Selim hatte nicht lange warten müssen. Ein Mann in weißem Kittel war gekommen, hatte ihn mit freundlicher Eloquenz nach Allergien, Medikamenten und Erkrankungen befragt, gerade so, als sei er zu einem alltäglichen Untersuchungstermin erschienen. Schließlich hatte der Arzt ihm ohne weitere Erklärung eine Spritze in den Arm gegeben. Selim war augenblicklich bewusstlos geworden.

Er tastete unter dem Ärmel der fremden Kleidung. Das Regime, das Menschen die Kehle durchschnitt und sie auf offener Straße verbluten ließ, hatte ihm gewissenhaft ein kleines Pflaster auf den Einstich geklebt.

46. Satz
Tranquillo

»Um nicht verrückt zu werden, habe ich etwas vollkommen Verrücktes getan«, fährt Selim fort, und Sarkasmus liegt in seiner Stimme.

»Etwas getan? In dieser Finsternis?«

»Ich habe ein wenig Violine gespielt.«

»Violine?«

»Ja. Ich bin langsam hin und her gegangen, habe meine Arme angewinkelt und bewegt, als läge eine Geige darin, und dabei meinem inneren Repertoire gelauscht. Im Dunkeln ist das leichter als im Licht, und viel zu tun blieb mir ohnehin nicht. Man könnte sagen, ich habe meine Angst niedergefiedelt.«

»Du hast Schlimmes durchgemacht in diesen Tagen.«

Selim schüttelt energisch den Kopf. »Ich habe unfassbares Glück gehabt. Was mir erspart geblieben ist, wurde mir klar, als ich aus der Dunkelheit herauskam. Irgendwann gab es merkwürdige Geräusche an der Mauer, wo sich die Durchreiche befand. Dann glitt eine in der Wand verborgene Tür auf, und plötzlich wurde es so unsagbar hell, dass ich meine Augen zusammenkneifen musste. Als ich schließlich ins Licht blinzelte, stand dort ein menschlicher Schatten.«

»Einer der Soldaten!«, vermutet Ibrahim.

»Nein«, sagt Selim. »Eine alte Frau.«

47. Satz
Adagio

Durch das einfallende Licht trat sie langsam auf ihn zu, in grauer Kleidung und mit bleiernen Bewegungen. Als er unsicher einen Schritt zurückwich, machte sie eine beruhigende Geste mit der Hand, aber selbst das schien ihre Kräfte zu übersteigen, sodass sie ihren Arm gleich wieder sinken ließ. Schließlich stand sie vor ihm, und er sah ihr fahles Gesicht. Ihren Augen schien irgendetwas abhandengekommen zu sein.

»Du bist der Geigenmann«, flüsterte sie.

»Wo bin ich?«

»In Freiheit.«

Sie starrte ihm ins Gesicht und schluckte etwas hinunter, das sie am Sprechen hinderte. »In Freiheit«, wiederholte sie dann, »auch wenn es nicht so aussieht.« Mit einer fahrigen Bewegung erfasste ihr Arm die Zelle, bevor er wieder herabfiel. Im Türrahmen erschienen weitere Gestalten, schweigend und grau.

»Was ist geschehen?«, fragte Selim.

»Die Wachen sind fort. Alle.« Sie kicherte, aber es lag weder Befriedigung noch Freude darin. »Der Kommandant wurde ans Telefon gerufen, und plötzlich war nichts mehr wie vorher. Soldaten rannten herum und rafften Dokumente und alle möglichen Sachen zusammen. Sie haben außerdem ihre Uniformen gegen Zivilkleidung getauscht. Und Minuten später waren sämtliche Wachen verschwunden und alle Türen offen.« Die alte Frau machte eine kurze Pause.

»Alle«, fuhr sie dann fort, »bis auf deine.«

Selim blickte zur Tür. Im Flur schienen sich immer mehr graue Gestalten anzusammeln.

»Als sie dich hierher brachten, haben sie viel geredet. Über den Ball im Palast und dein Violinspiel. Sie haben darüber gelacht. Heute, nach dem Anruf, haben sie nicht mehr gelacht. Der Kommandant persönlich hat befohlen, dass deine Zelle verschlossen bleiben soll, weil deine Musik für den Sturz der Regierung verantwortlich sei.«

Selim blickte die Frau stumm an. Er suchte nach Worten, fand aber keine und nickte stattdessen einfach.

»Oben in der Kommandozentrale haben einige von uns schließlich einen Zentralschlüssel gefunden, mit dem wir deine Tür öffnen konnten, Geigenmann«, erklärte die Alte. »Aber während sie dort herumsuchten, haben sie noch eine andere, weniger erfreuliche Entdeckung gemacht. Die Wachen haben, bevor sie geflohen sind, die Telefonverbindung zerstört.«

»Ist das ein Problem?«, fragte Selim.

»Das kann man wohl sagen«, antwortete ein Mann, der gebeugt in der Tür stand und sich am Rahmen festhielt. Er hatte nur noch eine Ohrmuschel und mehrere rote Striemen im Gesicht. »Du bist seit Langem der erste Neuankömmling. Alle anderen sind schon viele Monate in dieser Strafkolonie, die meisten mehrere Jahre. Halbtote, die ohne Hilfe nicht weit kommen würden.«

»Wo sind wir hier?«

»Im Sand. Das Lager liegt mitten in der Wüste.« Er hustete in den Ärmel seiner grauen Jacke. »Die Herrschaften Soldaten sind in ihr Transportflugzeug geklettert und haben sich über das Meer in Richtung Festland davongemacht, um dort unterzutauchen.« Er gluckste verächtlich.

»Bevor du diese Zelle nun verlässt, Geigenmann«, sagte die alte Frau, »solltest du wissen, dass die Dunkelheit hier drinnen der erträglichere Anblick war, verglichen mit dem, was es draußen zu sehen gibt.«

»In Ordnung«, antwortete Selim.

»Dann lass uns gehen. Ich zeige dir den Weg.«

»Den Weg? Wohin?«

»Zur Zelle einer ganz besonderen Gefangenen.«

48. Satz
Adagio

Der Weg führte Selim, die alte Frau und den Mann, der nur ein Ohr hatte, über lange Korridore aus Marter und Gräuel, durch Vorhöfe des Totenreichs und tiefe Schneisen im Gefüge dessen, was Menschen normalerweise zuzutrauen ist. In den Poren der groben Betonböden war jede Träne und überhaupt jeder Lebenssaft versickert, der hier je geflossen war, und so waren die Gestalten, aus denen man ihn herausgewrungen hatte, selbst zur Hinterlassenschaft geworden. Scheinbar menschenleere Körper lagen in den Zellen, an denen sie vorbeikamen. Andere standen auf den Gängen im kalten Neonlicht, mit entstellten Gesichtern, verkrusteten Händen oder kahlrasierten Schädeln. Einige Verschläge in den Wänden waren so klein und niedrig, dass ein dort Weggesperrter weder stehen noch sitzen konnte. In manchen Kammern sah Selim eiserne Gerätschaften, blutbefleckte Kacheln oder große, mit Wasser gefüllte Bottiche.

Vor Haftzelle Nummer vierzig blieben sie stehen. »Nur hereinspaziert«, sagte die Alte, während ihr Begleiter bereits die Tür aufzog. Langsam trat Selim über die Schwelle in das Halbdunkel.

»Es ist niemand hier«, sagte er dann.

»Nein Geigenmann. Die Gefangene ist nicht mehr da.«

»Wer war sie?«, fragte er und spürte ein mulmiges Gefühl in der Magengegend.

»Sieh nur genau hin«, hörte er den Mann hinter sich sagen.

Etwas lag auf der Pritsche. Im Dämmerlicht sah es aus wie eine zerbrochene Peitsche. Selim machte einen Schritt darauf zu, und als er es schließlich erkannte, trat er noch näher heran, weil er es nicht glauben konnte. Auf der Matratze lag sein Violinbogen. Er war zerbrochen und das Bogenhaar an einer Seite herausgerissen.

»Sie haben meine Geige eingesperrt?«, fragte er, ohne den Blick von der Pritsche zu nehmen. »Und wo ist sie jetzt?«

»Die Herrschaften haben sie mitgenommen, und es gab sogar Streit darüber, wer sie später aus dem Flugzeug ins Meer werfen durfte«, sagte der Mann ohne Ohrmuschel. »Die Vorstellung, dass sie eines Tages als Kultobjekt ausgestellt werden könnte, hat sie wohl etwas geschmerzt.«

Selim nahm behutsam den Bogen auf, trat aus der Zelle und verschloss sie wieder. Dann blickte er nachdenklich auf die Tür, und die alte Frau legte mitfühlend ihre Hand auf seine Schulter.

»Ich glaube, sie wollten hier viel mehr einsperren als nur eine Violine«, sagte er schließlich.

»Was meinst du?«, fragte die Alte.

Er zeigte auf die Zellennummer. »Häftling Nummer vierzig. Das ist die Opuszahl des Tanzes, den ich im Palast gespielt habe.«

Eine Weile starrten sie schweigend auf die Ziffern. »Willst du die Wüste sehen?«, fragte der Mann ohne Ohr endlich, und Selim löste seinen Blick von der Tür und nickte. Sie gingen den Gang hinunter und traten durch eine Metalltür nach draußen. Die Sonne brannte in den Innenhof, in dem es nichts gab außer einem Richtblock. Auf den hohen Betonwänden rollte sich der Stacheldraht, und über einem gewaltigen, offenen Tor schwebte wie die Brücke eines Schiffs die Kommandozentrale mit großen Glasfronten. Draußen erkannte Selim eine Landebahn, die den Sand durchschnitt.

Sein Begleiter deutete auf eine Leiter, die zur Kommandozentrale hochführte, und die alte Frau nickte aufmunternd. »Ich schaffe es nicht hinauf, aber geh nur. Gib mir deinen Geigenbogen, ich werde inzwischen hier sitzen und in diese nichtsnutzige Freiheit starren.«

Während sie sich am Eingangstor in den Sand gleiten ließ, folgte Selim dem Mann ohne Ohr, der sich keuchend Sprosse für Sprosse nach oben zog.

Der Ausblick offenbarte Trostlosigkeit auf beiden Seiten der Mauer. Hinter ihr lag ein gewaltiges Areal mit unzähligen Baracken, großen Hallen und betonierten Plätzen, lebensfeindlicher und öder als die Wüste selbst, die sich vorne erstreckte. Außer der Landebahn gab es bis zum Horizont nichts als Sand.

»Das da war die Außenverbindung«, sagte der Mann und zeigte auf einen zerstörten Kasten. »Aber ich wollte dir etwas anderes zeigen. Abgesehen von mir haben es nur zwei Männer gesehen, als wir hier oben alles durchsucht haben. Wir haben uns nicht getraut, es den anderen zu sagen.« Er stand vor einer großen Schautafel, die an der Wand befestigt war. Selim trat heran und studierte die abgebildete Landkarte. Sie zeigte nicht nur das Lager und die Wüste.

»Siehst du das?«, fragte der Mann und deutete auf einen Punkt nördlich ihres Standorts. »Wir haben die Entfernung grob überschlagen. Niemand von uns würde es bis dorthin schaffen.« Er blickte Selim an. »Außer dir vielleicht. Wenn du es dir zutraust. Dann könnten wir es den anderen sagen. Ihnen etwas Hoffnung geben.«

»Ist es sehr weit?«

»Schon. Aber wenn man bei Kräften ist –«

Selim nickte.

»Wir wissen nicht, ob irgendjemand kommt, um uns hier wegzuholen. Und falls nicht –«

»Ich werde gehen«, sagte Selim leise. Er lächelte. »Ich muss sowieso mal kurz telefonieren.«

»Eine Frau?«

»Ja. Miriam.«

»Und wissen sie von ihr?«

Selim dachte an den Mann, der sich in der Zisterne Miriams Daten notiert hatte, und nickte.

»Ruf sie lieber nicht an.«

»Wieso nicht?«

»Wir wissen nicht, wie die Dinge stehen. Aber kein System der Welt verschwindet von einem Tag auf den anderen. Wenn sie die Freundin von Staatsfeind Nummer eins ist, werden sie vielleicht ihr Telefon abhören. Rufst du sie an, wissen sie, dass du frei bist – und wo du dich aufhältst. Du würdest nicht nur sie und dich in Gefahr bringen, sondern auch alle, die dir Unterschlupf gewähren. Wir werden Miriam anrufen, sobald wir können. Uns solltest du ihre Nummer ohnehin geben.« Er zögerte kurz. »Falls die Wüste dich nicht wieder hergibt und trotzdem jemand kommt und uns befreit.«

Selim nickte. In einer Schublade fanden sie einen Block, einen Stift und einen Kompass, den Selim einsteckte. Aus einem Regal rafften sie eine Packung Kekse und ein paar Wasserflaschen zusammen und packten sie in einen alten

Militärrucksack. Nach einem letzten Blick in die Unendlichkeit der Wüste kletterten sie die Leiter wieder hinunter.

»Bewahre meinen Bogen für mich auf«, sagte Selim zu der alten Frau. Dann machte er sich auf den Weg.

»Wohin ist er unterwegs?«, fragte sie, als der Geigenmann weit hinten bereits vom Flimmern der Wüste verschluckt wurde.

»Entweder in den Tod«, sagte der Mann, der nur ein Ohr hatte, »oder zu einem kleinen Ort namens Maskhran.«

49. Satz
Fortepiano

Anfangs marschierte Selim noch mit grimmigem Tatendrang gegen die Unendlichkeit der Wüste an. In der Nacht lief er durch, denn er wollte keine Zeit verschwenden, zumal er die Hitze unterschätzt hatte und sein Trinkwasser bereits fast aufgebraucht war. Wenn er zwischendurch kurz rastete, dann nur im Sitzen und mit kreisendem Blick, weil er sich vor dem Einschlafen und vor giftigen Schlangen fürchtete.

Mit der Zeit führte sein Marsch ihn in eine Trance, die ihn immer mehr einlullte und so vor den schlimmsten Befürchtungen zunächst beschützte. Stunde um Stunde stellten die Dünen sich ihm entgegen wie ein Beweis, dass hinter ihnen nichts weiter zu erhoffen sei als immer weitere Dünen. Aber Selim nährte seine Zuversicht aus der Karte in der Lagerzentrale und aus der Annahme, dass Maßlosigkeit eine Angewohnheit des Menschen war, nicht aber der Natur. Irgendwo vor ihm würde der Sand enden.

Doch schließlich war er sich nicht mehr sicher.

Dank des Kompasses wusste er zwar, dass er nicht im Kreis ging, eine Eigenart der Orientierungslosen in der Leere der Wüste oder ihres Lebens. Aber wie weit war er schon gekommen? Wenn der Weg, der vor ihm lag, nicht entschieden kürzer war als der hinter ihm, wäre er verloren, denn eine Strecke, wie er sie bis hierher zurückgelegt hatte, würde er nicht noch einmal bewältigen können.

Keuchend blieb er stehen und starrte auf seine glutroten Hände. Weil die Sonne längst auch seine Gedanken versengt hatte, schlug er sich mit Wahnbildern herum, in denen ihm sein eigenes Fleisch brutzelnd von den Fingern fiel, bis nur noch die Knochen übrig waren. Er fragte sich, was Camille Saint-Saëns sich eigentlich dabei gedacht hatte, Gevatter Tod mit blanken Gerippehänden Violine spielen zu lassen, und er malte sich aus, wie die Saiten krächzten, eingeklemmt zwischen Holz und Knochenfingern.

Meine Hände, dachte er. Wenn ich sie verliere, verliere ich meine Möglichkeiten. Die Fähigkeit, mich auszudrücken und mitzuteilen. Eine Geige zu spielen. Oder Miriam zu berühren.

Selim setzte sich in den heißen Sand und zog die Schuhe aus, in die man ihn im Lager gesteckt hatte. Verdammt, dachte er, keine Socken. Also steckte er seine Hände in die Schuhe. Barfuß durch den Sand zu gehen, war nicht ungefährlich. Mit jedem Schritt konnte er auf einen Skorpion treten oder eine Schlange, und in Minutenschnelle wäre es vorbei mit ihm, und auch die Menschen im Gefängnis würden dann vielleicht vergeblich auf Hilfe warten. Gerade wollte er die Schuhe wieder über seine Füße ziehen, als er ein Geräusch hörte.

Nicht weit entfernt flogen ein kleiner und vier gigantische weiße Hubschrauber vorbei, und als er die Augen zusammenkniff, erkannte er, dass sie mit einer roten Mondsichel gekennzeichnet waren. Sie waren in Richtung Gefängnis unterwegs.

Rettung naht, dachte Selim. Rettung für die, die am Ort des Todes auf ihre Rückkehr ins Leben warten. Rettung auch für seine Finger: Er ließ die Schuhe über die Hände gestülpt und erhob sich stöhnend.

Unter seinen nackten Sohlen glühte der Boden, und weil die Füße nun bei jedem Schritt im Sand einsanken, fiel ihm das Vorankommen noch schwerer. Er schloss halb die Augen, und die Welt um ihn herum wurde unscharf und flirrend, als sei die ganze Wüste eine Fata Morgana. »Gib nicht so an«, flüsterte er, »du bist nicht die Sahara, du bist klein und endlich, und deine einzigen Waffen sind der Sand und die Hitze und ein paar giftige Viecher, aber die können wer weiß wo stecken, nicht ausgerechnet hier, wo ich gehe, denn so klein bist du auch wieder nicht, Wüste. Du bist gerade groß genug, dass das Getier nicht meinen Weg kreuzt, und gerade klein genug, dass ich dich durchqueren kann.«

Er stellte sich vor, Violine spielend durch den Sand zu gehen, durch ein Spalier aus Skorpionen und aufrechten Klapperschlangen, und am anderen Ende würde Miriam stehen und auf ihn warten, damit sie sich endlich wieder küssen konnten. Langsam hob er die Arme und spielte Luftgeige, einen beflügelnden Walzer, dessen tonlose Melodie aus seinem Inneren drang und in das unsichtbare Instrument fuhr. Warum konnte er die Finger seiner Griffhand nicht bewegen? Und weshalb den Bogen nicht richtig halten? Waren das Schuhe, dort an seinen Händen? Wer hatte sie ihm angezogen? Verständnislos schüttelte er den Kopf. Wenn es tatsächlich Schuhe waren, dann wäre es vielleicht besser, auf ihnen zu gehen, denn dafür waren sie schließlich erfunden worden.

Selim ließ sich auf die Knie fallen und machte ein paar Schritte mit seinen Armen. Na also, dachte er, so geht's voran. Ich werde kriechen, Wüste, und während du es für die Geste eines Unterworfenen hältst und dich deines Sieges sicher wähnst, werde ich dich bezwingen. Hüte dich vor den Gebeugten, denn das sind die Unbeugsamen. Er kicherte wirr.

»Aus dem Weg, Schlangen und Skorpione«, murmelte er, wischte mit dem Arm durch die Luft, wie um sich Platz zu verschaffen, und fixierte den Horizont. »Ich habe eine Frau zu küssen.«

50. Satz
Andante

»Entschuldige, wenn ich dich unterbreche«, sagt Ibrahim, der schon die ganze Zeit unruhig auf seinem Schemel hin und her rutscht. Nun erhebt er sich und schlurft an den Schafen vorbei ein Stück in die Nacht hinein, und dort verharrt er und blickt in Richtung Wüste.

Zuletzt ist ihm während Selims Erzählung der Gedanke gekommen, dass dieser, als sie ihn in die Wohnstube getragen haben, im Delirium vielleicht gar nicht nach Miriam, sondern nach seiner Violine gefragt hat, und tatsächlich war sie die geheimnisvolle Gefangene in jener Zelle gewesen. Aber sie war nicht mehr dort, als Selim befreit wurde, und er hat sich ohne sie in die Wüste aufgemacht.

Und ohne Miriam.

Ob man sie schließlich angerufen hat und sie ihm, getrieben von Liebe, entgegengeeilt und in der Wüste begegnet ist?

Ibrahim starrt in die Ferne, wo sich im Mondlicht der Sand über all die Geheimnisse legt, die sich im Laufe der Jahrtausende in der Einsamkeit angesammelt haben. Anscheinend spielten sich dort draußen doch mehr Geschichten und Schicksale ab, als man in Maskhran bisher dachte.

Eine Ahnung reift in ihm heran, und er kehrt zu Selim zurück. »Deine Miriam«, vergewissert er sich, »sie – war nicht in diesem Wüstenlager?«

»Miriam?«, fragt Selim. »Nein. Warum?«

51. Satz
Agile

Miriam grub die nackten Füße in den Sand und sah dabei zu, wie die Körner zwischen ihren Zehen emporquollen. Sand, dachte sie, ließ sich nicht unterdrücken. Immer fand er seinen Weg. Eine Ritze, ein Schlupfloch, eine unterschätzte Möglichkeit. So reglos schien er, dass man seine außergewöhnliche Beweglichkeit leicht vergessen konnte. An ihren Fußsohlen spürte sie eine Hitze, als berge der Boden Leben.

»Lasst mich nicht versinken«, sagte sie zum Millionenvolk der Sandkörner, »bitte tragt mich.«

Dann setzte sie sich vorsichtig wieder in Bewegung, wie um sich zu vergewissern. Wenn man schon sterben muss, überlegte sie, dann im Gehen. Als sei man gerade zu seiner wichtigsten Lebensaufgabe unterwegs, und plötzlich wurde einem mit der Sense der Weg abgeschnitten. So würde der Tod zumindest ein schlechtes Gewissen haben. Wie beim alten Arif, der gehend und musizierend auf den Dächern von Silshana gestorben war.

Aber Miriam wollte natürlich noch nicht sterben. Sie wollte leben, für Selim und all die Möglichkeiten, die sich ihnen nun endlich boten. Für ihre gemeinsame Zukunft im wiedererwachenden Syrakesh. Für verträumte Ausflüge zur alten

Zisterne, nach Aminas Garten und in das Violett der Morgenröte.

Es wurde bereits dunkel, doch noch immer lag die Hitze des Tages in der Luft. Der Wind machte sie etwas erträglicher und ließ Miriams Gedanken abheben wie einen Papierdrachen. Selim, dachte sie, Selim, Selim, Selim. Vor langer Zeit hast du mich in der Zisterne gegen eine Säule gedrückt und geküsst. Du hast es ein Gedicht genannt, allerdings konnten wir ihm damals nur einen Anfang geben, und so musste es unfertig siebzehn lange Jahre durch die Zeit klingen, doch dann haben wir es vollenden können. Und nun hat dein Weg dich tief in die glühende Wüste geführt, aber wann immer die Geschicke uns auseinandertreiben, werden wir die undenkbarsten Pfade ausfindig machen, auf denen wir uns wieder aufeinander zubewegen. So wie jetzt. Das Schicksal wird einsehen müssen, dass wir einander nicht verloren gehen können.

Weit aus der Ferne klang das Knattern von Rotorblättern herüber, aber es war schon zu dunkel, um etwas zu erkennen. Miriam blickte in den Himmel, wo die ersten Sterne zu sehen waren, winzige Punkte, auch nicht viel größer als die Sandkörner zu ihren Füßen. Ohne den Blick wieder zu senken, ging sie weiter und beobachtete das Firmament. Nicht einmal im All konnte die Finsternis sich vollständig ausbreiten, dachte sie, denn je dunkler es wurde, desto mehr Sterne wurden sichtbar, und so untergrub die Nacht sich selbst. Miriam stellte sich vor, dass auch Selim gerade seinen Blick in den Himmel richtete und sie dennoch zielsicher aufeinander zusteuerten, vielleicht wie die alten Seefahrer, die sich auf den nachtschwarzen Meeren schließlich auch nur von den Sternen den Weg hatten weisen lassen, mit dem unerschütterlichen Wissen um die Unverrückbarkeit ihres Ziels.

Der Wind verlangte ein wenig heftiger nach ihr, aber sie ließ sich nicht vom Kurs abbringen, ging einfach weiter auf nackten Füßen, ohne den Blick zu senken, und so sah sie nicht, was wenige Schritte vor ihr im Sand auf sie wartete.

»Es ist egal, wohin ich gehe, Selim«, sagte sie leise, »ich werde mich dir immer nähern.«

Als es plötzlich noch stürmischer wurde, schloss sie im Gehen ihre Augen und lächelte.

52. Satz
Adagio

»Erinnerst du dich an deine Ankunft? Als ein paar Männer aus dem Dorf und ich dich in mein Haus getragen und auf die Kissen gelegt haben?«, fragt Ibrahim.

»Nicht sehr gut«, antwortet Selim.

»Was auch kein Wunder ist«, sagt Ibrahim. »Die Hitze der Wüste hatte sich auf deine Sinne gelegt. Du warst halb bewusstlos und bist dann in einen tiefen Schlaf gesunken.«

»Ja, Schlaf. Im Lager gab es nicht sehr viel davon. Und auf meinem Weg durch den Sand hab ich mich nicht zu schlafen getraut, weil ich Angst vor giftigen Tieren hatte.«

»Aber bevor du eingeschlafen bist, ist dir eine einzige Frage über die Lippen gekommen.«

»Eine Frage?«

»Du hast dich nach Miriam erkundigt. Gefragt, wo sie ist.«

Selim blickt lächelnd auf sein dampfendes Teeglas und reibt seine Hände daran, als sei es eine Öllampe, aus der ein Geist aufsteigt.

»Du – du hast nicht deshalb nach ihr gefragt«, fährt Ibrahim fort und spürt, dass seine Stimme ins Stocken gerät, »weil sie mit dir zusammen in der Wüste gewesen ist. Sondern weil du – weil du sie hier erwartet hast, nicht?«

»Meine Mitgefangenen in der Wüste. Sie werden sie doch längst informiert haben. Ich habe dir von den Hubschraubern erzählt, die in Richtung Straflager unterwegs waren.«

»Ja. Das hast du«, nickt Ibrahim. »Doch als du hier ankamst, ein fremder Mann ohne Geschichte, aber mit einer einzigen Frage, da haben wir uns Sorgen gemacht, und am Abend nach deiner Ankunft sind einige von uns losgezogen, um sich dort draußen auf die Suche zu machen.« Er zeigt auf den Sand am Horizont. »Drei Tage lang waren sie in der Wüste, und als sie endlich wiederkamen, haben sie mein Herz mit noch tieferer Sorge erfüllt.«

Selim blickt von den Teeschwaden auf und direkt in die Augen des alten Schäfers. In seinen eigenen Pupillen tanzen plötzlich tausend Gespenster. »Mit Sorge?«, fragt er leise. »Was haben sie denn in der Wüste gefunden?«

53. Satz
Espressivo

Mit geschlossenen Augen raste sie durch das All.

Die Haare flatterten im Wind, und das Kleid wurde an ihren Körper gedrückt. Die Arme ließ sie einfach seitlich herabhängen. Sie hob ihren Kopf in den Nacken und genoss die über sie hinwegfegende, kühlende Strömung. Atemberaubend, dachte sie, wie leicht man mit hunderttausend Sachen auf einer Reise sein konnte, ohne dass es einen zerriss. Wenn der Sturm der letzten Tage etwas hinweggefegt hatte, dann war es ihre Zerrissenheit. Und jetzt, während sie durch den Sand ging und der Wind sie umfing, gab es plötzlich keine Zweifel mehr.

Miriam grub die nackten Zehen in die große Kugel, die wie das runde Eisengewicht eines Sträflings an ihren Füßen hing, seit sie denken konnte. Wohin sie auch unterwegs gewesen war in ihrem Dasein, den Erdball hatte sie immer mitziehen müssen. Schon als Kind hatte sie sich nichts sehnlicher gewünscht, als durch das Universum fliegen zu können, obwohl diese gigantische Weltkugel an ihren nackten Füßen klebte. Nun wurde ihr schlagartig klar, dass sie genau dies schon immer getan hatte. Langsam hob sie die Arme wie zwei Seitenruder, aber sie war an einem Punkt angekommen, wo es nichts mehr gab, was ihren Flug hätte stabilisieren können. Sie lächelte zufrieden. In ihrem Herzen geborgen trug sie eine tiefe Dankbarkeit für Selim und die unabwendbare und unzerstörbare Kraft ihrer Liebe. Und nun ging sie durch den Sand, um dieses Bündnis zu vollenden. Die alte Frau hatte am Telefon Selims Namen vermieden, aber Miriam hatte sofort begriffen, von wem sie sprach, und schon bald würde sie ihn wiedersehen.

Ihre Zehen stießen gegen etwas, das im Sand lag. Sie blieb stehen und öffnete langsam ihre Augen. Von den Sternen senkte sie den Blick herab auf den Strand von Syrakesh, der zu dieser späten Stunde verlassen vor ihr lag. Das Meer kam heran und zog sich wieder zurück in die Nacht, und in das Rauschen der Wellen mischte sich immer lauter das Knattern der Rotorblätter. Was auf ihrem Weg lag, war kein Treibholz.

Es war eine Violine.

Halb im Sand vergraben, musste sie schon vor einer ganzen Weile angeschwemmt worden sein. Im Meerwasser hatten die Bauteile begonnen, sich voneinander zu lösen, und zwischen Decke und Zargen klaffte ein Spalt. Miriam ging in die Hocke und zog das Instrument vorsichtig aus dem Boden. Als sie den Sand, der sich im Inneren angesammelt hatte, durch den Riss herausrieseln ließ, fiel ein loses Stück Holz hinunter, und sie hob es auf und ließ es in die Seitentasche ihres Kleides gleiten. Dann stand sie auf und warf durch den Spalt einen Blick in die Violine.

Der Geigenzettel war vom Wasser aufgeweicht, halb vom Boden gelöst und im Dunkeln nicht zu lesen, aber sie erkannte ihn sofort. Dies war eines von Arifs Instrumenten. Sie wollte Selims Namen aussprechen, aber ihr versagte die Stimme, und so stand sie einfach da und blickte fassungslos die Violine an, die das Schicksal ihr wie eine Kostprobe seiner Möglichkeiten direkt vor die Füße gespült hatte.

Der Wind wurde noch heftiger, als der kleine, weiße Hubschrauber sich näherte und auf dem Strand aufsetzte. Miriam löste sich aus ihrer Starre und lief auf ihn zu. Die Seitentür wurde aufgeschoben, und eine alte Frau winkte sie heran. »Miriam?«, rief sie durch den Lärm, und sie nickte. Die Frau lächelte und machte eine einladende Geste ins Innere des Helikopters. »Also, wie wäre es mit einem Höhenflug?«

54. Satz
Languendo

Fast war sie ein wenig überrascht, als sie die Lichter dieses Landes in der Nacht unter sich hinwegziehen sah wie ein vollkommen regloses Sternenmeer. Über ihnen wölbte sich das wirkliche Firmament, und so flog der Hubschrauber durch eine Welt, in der es nur noch Sterne zu geben schien. Die leuchtenden Moscheen Silshanas lagen hinter ihnen, und nachdem sie an Höhe gewonnen hatten, breiteten sich bis zum Horizont die Lichtflecken der Städte und Dörfer aus.

»Selim geht es gut«, hörte Miriam die Stimme der alten Frau im Kopfhörer. »Als die Piloten ihn auf ihrem Weg zum Lager gesehen haben, näherte er sich bereits einem Dorf.« Sie legte kurz ihre Hand auf Miriams Schulter. »Es tut mir leid, dass ich dir seinen Aufenthaltsort am Telefon nicht verraten konnte, aber selbst die Ärzte des Roten Halbmonds haben mir davon abgeraten.«

»Wir hatten uns siebzehn Jahre lang aus den Augen verloren, da konnten wir die paar Tage auch noch irgendwie durchstehen«, sagte Miriam in das Mikrofon vor ihren Lippen und lächelte, aber dann wurde ihr Gesicht wieder ernst. »Ich glaube, in der Wüste hattet ihr Wichtigeres zu tun, als für mich das Taxi zu spielen.«

»Ich danke dir. Und ja, da draußen gab es unzählige verletzte Körper und Seelen zu versorgen. Viele, die sich nichts mehr wünschten, als so schnell wie möglich transportfähig zu sein und zu ihren Familien gebracht zu werden.« Sie blickte an Miriam vorbei in die Nacht hinaus und schwieg. Ihre Augen, dachte Miriam, irgendetwas fehlte darin. Und dann wurde ihr bewusst, dass diese Frau vielleicht auch vor langer Zeit aus ihrem eigenen Leben herausgerissen worden war und dringend dorthin zurückkehren wollte, nun aber zunächst nach Silshana gekommen war, um zwei wildfremden Menschen zu helfen.

»Und du?«, fragte sie also. »Wartet jemand auf dich?«

»Ja«, sagte die Alte leise. »Jemand wartet auf mich. Er weiß es nur noch nicht.«

»Wie meinst du das?«

»Mein Mann. Sie haben ihn glauben lassen, dass sie mich erschossen haben.« Sie schluckte einen Kloß hinunter. »Direkt vor unserem Haus.«

Betroffen blickte Miriam ins Leere und suchte nach Worten. »Hast du ihn schon angerufen?«

»Eine Auferstehung am Telefon?« Sie schüttelte den Kopf. »Ich möchte in seiner Nähe sein, wenn er es erfährt.«

»Aber was tust du dann hier?«, flüsterte Miriam. »Du solltest nicht mich begleiten, sondern sofort zu ihm.«

»Keine Sorge«, erwiderte die Alte, und sie versuchte ein beruhigendes Lächeln. »Wenn eine von uns beiden eine Begleiterin braucht, dann ich. Wir sind gerade auf dem Weg zu ihm.«

55. Satz
Stretto

»Nichts«, sagt Ibrahim. »Nichts haben sie in der Wüste gefunden, und ich bin sehr froh, dass ich dieses Zeichen falsch gedeutet habe.« Er lacht erleichtert auf.

»Es tut mir leid, dass du dir unnötig Sorgen gemacht hast«, erwidert Selim, und dann trinken sie gemeinsam Tee und sehen den Schafen dabei zu, wie sie sich über die nächtliche Weide bewegen. Im Gras wachsen die ersten Frühlingsblumen, die bei Sonnenlicht einen besonders intensiven Duft abgeben, Schwaden eines blühenden Reichtums, in dem Bunt nicht nur eine Vielzahl von Farben, sondern auch von Entfaltungsmöglichkeiten bedeutet. Aber selbst jetzt, im Mondlicht, schimmern sie in den unterschiedlichsten Nuancen, wie um ihre Persönlichkeit über die Dunkelheit hinwegzuretten. Auch jenseits des Lichts, denkt Selim, harren und hoffen die Farben.

»Warst du schon einmal am Strand von Silshana?«, fragt er schließlich.

»Kein einziges Mal«, antwortet Ibrahim. »Genau genommen bin ich noch nie weit von hier weg gewesen. Es gibt nur diesen Bus, mit dem Malika immer zum Unterrichten in die Stadt gefahren ist, und auf meinem Esel würde ich vermutlich nicht allzu weit kommen.«

»Nein«, lacht Selim, »vermutlich nicht. Aber von der Stadt aus gibt es sicher einen Zug zur Hauptstadt. Ich würde dich gern als meinen Gast begrüßen.«

»Es wäre mir eine Ehre«, sagt Ibrahim, und dann sitzen sie in der Nacht und lassen die Zeit an sich vorüberziehen. Das Feuer vor ihnen ist schon fast heruntergebrannt, als Selim plötzlich den Kopf hebt. »Hast du schon einmal erlebt, dass mitten in der Nacht ein Hubschrauber auf Maskhran zusteuert?«

»Ein Hubschrauber? Nein. Wieso?«, fragt Ibrahim, aber einen Atemzug später hört auch er das Knattern der Rotorblätter. Nach einer Weile erkennt Selim am Nachthimmel den kleinen weißen Helikopter, den er schon in der Wüste gesehen hat. Als er in ihrer Nähe landet, nehmen sie ihre Teegläser in die Hand und stehen auf.

Die Schiebetür öffnet sich, und zwei Frauen klettern heraus. Als sie näherkommen, traut Selim seinen Augen nicht: Er kennt sie beide. Die alte Frau aus dem Lager hält seinen zerbrochenen Geigenbogen in der Hand und Miriam eine Violine. Kann das sein, denkt er, aber dann überschwemmt Miriams Anblick all sein Denken und Fühlen, und so nimmt er gar nicht richtig wahr, dass die alte Frau plötzlich in Tränen ausbricht und der Schäfer neben ihm sein Teeglas zu Boden fallen lässt.

56. Satz
Amoroso

Miriam und Selim. Malika und Ibrahim. Sie schlendern mit hochgekrempelten Hosenbeinen und auf nackten Sohlen über den Strand von Silshana und essen Kokoswürfel. Der Küstenturban blüht, und in den Palmkronen bewegen sich langsam die Blätter. Ein paar Kinder rennen über den Sand auf das Meer zu und werfen sich lärmend den Wellen entgegen. In der Ferne ziehen zwei Fischkutter ein Schleppnetz durch das Wasser. Möwen schweben in der Luft und inspizieren hoffnungsvoll die Nussschalen in den Händen der beiden Männer.

In den letzten Wochen ist in Malikas Augen das zurückgekehrt, was ihnen abhandengekommen war, und vielleicht noch ein bisschen mehr. Manchmal bleibt sie kurz stehen und hebt eine Muschel auf oder ein Stück Seetang, und dann sieht sie ihren Fund von allen Seiten an, betastet ihn sorgfältig und gibt ihn schließlich in den Sand zurück. Ibrahim schwebt neben ihr her und streicht alle paar Minuten mit der Hand über ihren Rücken. Selim hält Miriam fest und genießt, wie sie sich bei jedem Schritt in seiner Armbeuge bewegt. In der freien Hand trägt er die Kokosschale, und Miriam pickt Würfel heraus und steckt sie ihm in den Mund.

»Könnt ihr uns für einen Moment allein lassen?«, fragt sie schließlich, und während sie stehen bleibt und Selim sie erstaunt ansieht, gehen Malika und Ibrahim langsam weiter. Dann löst Miriam sich aus seinem Arm, kramt etwas aus ihrer Hosentasche hervor und geht in die Hocke. Er spürt, wie sich etwas in ihm regt, und dann lacht er auf.

»Ich weiß, was du vorhast«, sagt er.

»Natürlich weißt du das«, lächelt sie und ritzt mit einer feinen Linie ein Herz in den Sand.

»Womit malst du da?«, fragt er, und sie steht auf und nimmt seine Hand in ihre. Er spürt, dass etwas darin liegt.

»Bewahre es gut.« Sie zieht ihre Finger zurück. In seiner Hand findet er ein abgerundetes Holzstäbchen. Er weiß sofort, was es ist.

Miriam gleitet in seinen Arm zurück und lehnt ihren Kopf an seine Schulter.

»Lass uns weitergehen«, sagt sie. »Einfach immer weiter.«

Nachklang
Piano

Im Vorgarten seines Hauses steht ein alter Mann und hackt Holz. Er spaltet es so routiniert, dass man meinen könnte, er habe sein ganzes Leben lang nichts anderes getan, als Dinge zu entzweien.

Aber Allah ist groß und überall, selbst im Garten dieses Mannes. Also weht eine neue Möglichkeit heran. Eine warme Brise streicht über die Wiesen auf das Haus zu und treibt kleine Wellen in das Gräsermeer. Die Blätter der Bäume beginnen zu rascheln, ein paar Vögel steigen singend aus den Kronen auf und eröffnen einen geheimnisvollen Tanz im Wind. Der Mann unterbricht seine Arbeit, hält mit geschlossenen Augen das Gesicht in die Sonne und lauscht der fiedelnden Melodie der Grashüpfer. Schweißperlen stehen auf seiner Stirn, und er beschließt, sich etwas Leichteres anzuziehen.

Er stellt noch ein Stück Stamm auf den Hackklotz, holt mit der Axt aus und teilt es mit einem einzigen Hieb in zwei Hälften, die klappernd zu Boden fallen. Dann geht er ins Haus, zieht sein Hemd aus und schlüpft in ein T-Shirt.

Als er in die Frühlingssonne zurückkehrt, stehen die beiden Stammhälften zusammengefügt wieder auf dem Hackklotz. Dahinter steht ein Fremder und blickt ihm entgegen. »Hallo, Vater«, sagt der Fremde und lächelt.

»Dies hier ist die wertvollste aller Schatzkammern«, sagte der Untertan und deutete auf das Innere Tal.

»Ich sehe keinen Schatz«, widersprach der gierige Sultan und ging davon.

»Eben«, flüsterte der Untertan.

Legenden von Syrakesh

Die Bedeutung der arabischen Namen

Selim: wohlbehalten, heil

Arif: der Wissende, Erfahrene

Ibrahim: arabische Variante des hebräischen Namens Abraham, »Vater der Vielen«. In der Sicherheit und Geborgenheit von »Abrahams Schoß« fand sich Lazarus nach einem Leben in Armut, während der namenlose Reiche, der ihm nichts zu essen gab, in der Hölle landete, weil er schon zu Lebzeiten seinen Anteil am Guten erhalten hatte.

Malika: Königin, Engel

Jamila: die Schöne, Hübsche

Isad: Glück bringen, Hilfe zur Verfügung stellen

Nadschm: Stern, männlicher Vorname. »Bint Nadschm« bedeutet »Tochter des Nadschm«.

Amina: die, der man vertraut. Frau des Friedens. Auch die Mutter des Propheten Mohammed hieß Amina.

Musikalische Vortragsbezeichnungen

Adagio: langsames, ruhiges Tempo
Addolorato: wehmütig, schmerzerfüllt
Affettuoso: leidenschaftlich, bewegt
Agile: flink, beweglich
Agitato: sehr bewegt, erregt
Allegro: schnelles, lebhaftes Tempo
Amabile: liebenswürdig, sanft, zart
Amoroso: zärtlich, innig
Andante: gemäßigtes Tempo
Animato: lebhaft, beseelt
Appassionato: leidenschaftlich, stürmisch
Armonioso: wohlklingend, harmonisch
Calando: an Tonstärke und Tempo abnehmend
Decrescendo: leiser werdend
Desolato: trostlos, betrübt, verzweifelt
Dolce: sanft, weich, lieblich
Doloroso: schmerzerfüllt, klagend
Espressivo: ausdrucksvoll
Fortepiano: laut und sofort danach leise
Furioso: mit wildem Temperament, stürmisch
Languendo: schmachtend, sehnend
Largo: sehr langsam, gedehnt
Lento: langsam
Mesto: traurig, betrübt
Moderato: mäßig schnell
Mosso: bewegt, lebhaft
Patetico: pathetisch, erhaben

Pianissimo: sehr leise
Piano: leise
Recitando: mehr sprechend als singend, rezitierend
Ruvido: rau
Sforzato: plötzlich verstärkt, hervorgehoben
Spirituoso: geistvoll, feurig
Stretto: gedrängt, eilig, lebhaft
Tranquillo: ruhig
Vibrato: leichtes Zittern, Beben des Tons

Literatur

Klaus Osse: Violine. Klangwerkzeug und Kunstgegenstand. Breitkopf und Härtel, Wiesbaden 1985.

Michael Stegemann: Camille Saint-Saëns mit Selbstzeugnissen und Bilddokumenten. Rowohlt, Reinbek 1988.

Sourène Arakélian: Die Geige. Ratschläge und Betrachtungen eines Geigenbauers. Verlag Das Musikinstrument, Frankfurt am Main 1962.

Eduard Melkus: Die Violine. Hallwag, Bern/Stuttgart 1974.

Albert Berr: Geigen. Originale, Kopien, Fälschungen, Verfälschungen; eine grundlegende Definition und Darstellung. Verlag Das Musikinstrument, Frankfurt 1963.

Walter Kolneder: Das Buch der Violine. Atlantis, Zürich 1972.

Julius Kapp: Niccolò Paganini. Schneider, Tutzing 1969.

Edward Neill: Niccolò Paganini. List, München 1990.

Über den Autor

Die Wiesen, Wälder, Seen und Flüsse des Niederrheins sind die Orte seiner Kindheit. Hier wuchs Andreas Séché auf und schrieb als Reporter für Tageszeitungen, bis er seine Heimat verließ, um Politik mit Medienwissenschaft und Jura zu studieren. Danach war er zwölf Jahre lang Zeitschriftenredakteur beim Verlagshaus Gruner + Jahr in München. Schließlich zog es ihn an den Niederrhein zurück, wo er nun lebt und Bücher schreibt.

Bisher veröffentlichte Romane:
Namiko und das Flüstern
Zwitschernde Fische
Zeit der Zikaden
Leuchtturmmusik
Alle Romane gibt es auch als E-Book.

Besuchen Sie die Website des Autors:
www.andreas-seche.de

Weitere Bücher des Autors

Leuchtturmmusik

»Sie kam an einem Abend in unser Dorf, der von so makelloser Windstille war, dass manche später beteuerten, die Welt habe vor lauter Aufregung für eine Weile das Atmen vergessen. Und sie brauchte nur eine einzige Geste, um unser aller Leben auf den Kopf zu stellen.«

Als Tristan im Wald von einer Wildfremden geküsst wird, ist dies erst der Anfang eines ganzen Reigens wundersamer Ereignisse in einem idyllischen Fischerdorf. Und plötzlich beginnen die Ersten, sich ihrer längst vergessenen Lebensträume zu erinnern.

Steckt die Unbekannte dahinter? Tristan macht sich auf die Suche nach ihr – und findet schließlich Emily: natürlich, intensiv und sofort voller Zuneigung zu ihm. Doch Emilys Geheimnis wiegt genauso schwer wie Tristans eigenes.

Zwitschernde Fische

Seltsam: Eigentlich kennt Yannis die Altstadt von Athen wie seine Westentasche. Aber diese verlassene Gasse ist ihm noch nie aufgefallen. Und als er dort in einem verwunschenen, alten

Buchladen der geheimnisvollen Buchhändlerin Lio begegnet, geht sein Herz sofort in Flammen auf. Merkwürdig nur, dass all die Romane in den Regalen nicht zu verkaufen sind. Doch je tiefer Lio ihn in die Welt der Literatur entführt, desto mehr füllt sich auch Yannis' Alltag mit Poesie und märchenhaften Erlebnissen. Nur das schönste aller Märchen, die Liebe, scheint für den schüchternen Bücherwurm nicht Wirklichkeit zu werden.

Aber wer ist Lio tatsächlich? Noch bevor er ihr Geheimnis lüften kann, ist sie plötzlich verschwunden und der Buchladen verwüstet ...

Namiko und das Flüstern

Als der deutsche Reporter in den Gärten von Kyoto die geheimnisvolle Namiko kennenlernt, ist er sofort von ihr fasziniert: Die Studentin fährt gern Traktor, braucht zum Lesen kein Buch und entführt ihn mitten in der Nacht in den *Garten der Mondseufzer*. Und Namiko flüstert. Nicht nur mit Worten, sondern auch mit Gesten, Blicken und Berührungen. Je näher sie sich kommen, desto intensiver spürt er die große Magie der leisen Töne: in den alten Gärten von Kyoto, in der Natur – und in der Liebe. Schnell entwickelt sich zwischen den beiden eine tiefe Zuneigung. Doch der Tag seiner Heimreise nach Deutschland rückt immer näher. Und mit ihm eine folgenreiche Entscheidung.

Leseprobe
»Leuchtturmmusik«

Sie kam an einem Abend in unser Dorf, der von so makelloser Windstille war, dass manche später beteuerten, die Welt habe vor lauter Aufregung für eine Weile das Atmen vergessen. Sie sagte kein Wort, machte mit ihren Händen eine einzige Geste, nach der nichts mehr wie vorher war, und ließ uns alle sprachlos zurück.

Ich glaube, ausgerechnet die alte Gwen war die Erste, die sie bemerkte. Um diese Zeit kehrte sie wie immer vor ihrer Netzweberei den Straßenstaub beiseite, zu dem der Tag zerfallen war. Und wenn Gwen fegte, dann tat sie das mit einer Gewissenhaftigkeit, als gebe es für die Menschheit zwar kein Morgen mehr, wohl aber eine Verpflichtung, die Erdkugel in einem ordentlichen Zustand zu hinterlassen. Für gewöhnlich war sie so verbissen bei der Sache, dass einige sie verdächtigten, zu ihrem eigentlichen Lebenswerk nicht den Laden auserkoren zu haben, sondern den Gehsteig davor. Und so vermochte normalerweise nichts und niemand ihre Aufmerksamkeit zu erringen, solange sie dem Schmutz zu Leibe rückte. Doch an jenem Tag war es anders. Dieses eine Mal blickte sie auf.

Ich kann mich erinnern, dass ich überrascht die Kiste mit den Makrelen ins Kühlregal zurückgleiten ließ und Richtung

Fenster sah, weil ich Gwen draußen plötzlich nicht mehr fegen hörte. Sie stand reglos im Abendlicht, hielt sich am Besen fest und starrte die Straße hinunter. Vor der *Schwankenden Schenke* unterbrachen zwei von den Schiffsjungen, die dort gegen Abend immer herumlungerten, ihr Gelächter und folgten Gwens Blick. Ich wischte mir die Hände an der Schürze ab und trat hinaus, um zu sehen, was los war.

Die Fremde schlenderte heran wie eine, die schon mal losgegangen war, noch bevor sie sich über ihre Absichten im Klaren war, wie aufs Geratewohl hierhergelangt, aber dieser Eindruck täuschte. Sie wusste genau, was sie tun würde und warum sie ausgerechnet zu uns gekommen war. Wenn ich so darüber nachdenke, wundert mich, dass wir damals, als wir ihre Beweggründe noch nicht kannten, diese eine Frage nie gestellt haben: weshalb sie gerade unser Dorf ausgesucht hatte. Auf der Landkarte fand man uns nur mit zusammengekniffenen Augen, und wir dachten immer, dass man jedem tiefgreifenderen Lebensziel schon sehr konsequent abgeschworen haben müsse, um für den Besuch eines solch abgelegenen Nestes bereit zu sein.

Die Fremde kam also über die alte Dorfstraße, hübsch und schlank und mit kurzen blonden Haaren. Sie trug ein einfaches helles Kleid, aber keinerlei Gepäck, nicht mal eine kleine Tasche. Hinter dem Gesicht versuchte sie irgendein Geheimnis zu verbergen, aber man konnte es in ihren Augen glimmen sehen. Einige sagten später, sie habe eine lodernde Wut in sich getragen, andere fanden, sie habe eher belustigt gewirkt, und wann immer Leon, der alte Leuchtturmwärter, dazu befragt wurde, schilderte er mit dramatischen Gesten, wie Ebbe und Flut in ihr miteinander gerungen hätten. Tatsächlich tobten hinter ihrem Gesicht so viele und unvereinbare Empfindungen, dass sie unmöglich allesamt ihre eigenen sein konnten. Die Arme hingegen bewegten sich locker und fast wie von selbst, als sei ihr bisher entgangen, dass sie welche hatte, und die Hände, mit denen sie in unserem kleinen Kosmos herumzurühren gedachte, schwangen leicht hin und her.

An Wohnhäusern und Geschäften vorbei führte die Straße direkt zum Strand hinunter. Ich hätte schwören können, dass sie kurz zu mir herübersah, als sie meinen Laden passierte, ansonsten hielt sie den Blick beharrlich nach vorn gerichtet. Die rote Sonne stand bereits am Horizont, aber das gehörte natürlich zu ihrem Plan, und sie ging geradewegs auf sie zu, mit ihrem verzerrten Schatten im Schlepptau. So kam sie an uns vorbei, wie ein Köder, den man durch einen Fischschwarm zog. Und als wir ihr nachsahen, während sie auf das Meer zusteuerte, ein einsamer, anmutiger Schemen vor dem Abendrot, bissen wir an. Selbst aus den Seitengassen traten sie heraus und gesellten sich zu der verwunschenen Prozession, die mit flüsternden Stimmen und raschelnden Kleidern der Gestalt folgte. Manche, die die Unbekannte für eine Lebensmüde hielten, die einfach schnurstracks in den Ozean hineinwaten und nie wieder daraus auftauchen würde, wägten ab, ob es anständiger sei, sie aufzuhalten oder sie ziehen zu lassen, aber so oder so schien es ihnen angebracht, dabei zu sein. Hinter mir tuschelte jemand etwas von einer Pilgerin, die so lange nur von ihren eigenen Gedanken begleitet gewesen sei, dass sie den Verstand verloren habe und mit theatralisch ausgestreckten Armen versuchen werde, das Meer zu teilen.

Ich weiß noch, wie seltsam einverstanden alle wirkten mit einer Wildfremden, die uns durch unser eigenes Dorf leitete, als weise sie ausgerechnet denen den Weg, die seit Jahrzehnten hier lebten und jede Straße tausendfach gegangen waren. Und ich bewundere sie dafür, dass bis zum heutigen Tag niemand etwas Anmaßendes daran findet. Aber eigentlich ist dies ein Kompliment an all die wunderlichen Gestalten, die schon so lange am Wasser wohnen und noch immer alles, was ihnen vor die Füße gespült wird, gewissenhaft untersuchen, um ihm seine Geschichte zu entlocken und vielleicht daran zu wachsen. Kein anderer Nachbar der Welt macht einen so neugierig wie der Ozean.

Als wir die Häuser hinter uns ließen und über den Strand stapften, verebbte das Geflüster. Die Fremde schritt auf das Meer zu, und kurz bevor sie es erreichte, hielt sie an, und wir verharrten in einiger Entfernung, gespannt, was sie nun tun würde. Zunächst blieb sie einfach vor der Sonne stehen und schaute auf den Ozean hinaus. Nach einer Weile drehte sie sich langsam um, und zum ersten Mal blickte sie uns alle an. Sie nickte leicht, als sei sie zufrieden mit dem, was sie sah. Dann schien sie sich auf das Bevorstehende zu konzentrieren und beachtete uns nicht weiter, aber das machte nichts. Die meisten von uns sind Fischer und deshalb Situationen gewohnt, in denen man schweigt und wartet.

Schließlich schüttelte die Fremde kurz ihre Finger, ging in die Hocke und kam mit zwei Handvoll Sand wieder hoch.

Und dann tat sie es.

Ich kann mich erinnern, dass ich von einem Augenblick auf den anderen vollkommen die Fassung verlor. Noch niemals in meinem Leben war meine Gegenwart auf eine einzige Sekunde zusammengestaucht worden. Ich weiß nicht, was die anderen um mich herum in diesem Moment taten. Die Fremde machte nur eine kurze Handbewegung, eine Geste, so ungeheuerlich, dass ich fast aufgeschrien hätte. Sie hatte die

Fäuste mit den Fingern nach unten gehalten, sodass ich erwartet hatte, dass sie den Sand einfach wieder zu Boden rieseln lassen würde. Stattdessen schnellten ihre Arme nach oben. Gleichzeitig öffneten sich die Hände ein wenig, und durch die Fingerritzen entwich der Sand in den Himmel. Über dem Kopf der Unbekannten fuhren die Körner ins rote Sonnenlicht, manche höher als andere, manche mehr zur Seite oder nach vorne, und an einigen Stellen schienen sie dichter aneinander zu schweben und dunklere Flecken zu bilden, als sei die Flugbahn jedes einzelnen Körnchens von den Fingern blitzschnell, aber mit unglaublicher Präzision bestimmt worden. Und ich sah, wie all diese winzigen Punkte für einen kurzen Augenblick eine Möwe formten, einen schwebenden Körper mit elegant geschwungenen Flügeln und nach vorn gestrecktem Schnabel. Einen Vogel, geboren aus Sand, mit flirrenden Umrissen vor der Sonnenglut, wie aus einem unsichtbaren Zylinder hervorgezaubert. Dann fiel das Gebilde auch schon wieder zusammen, und die Fremde ließ ihre Arme sinken. Für einige Atemzüge stand sie einfach da und blickte durch uns hindurch. Niemand sagte etwas.

Dann ging sie los. Mit schlendernden Schritten kam sie an uns vorbei, und wir standen da wie vom Donner gerührt und sahen ihr nach, während sie gemächlich den Strand hinaufspazierte, als sei nichts geschehen. Kleiner und kleiner wurde sie, bis sie schließlich die alte Dorfstraße erreichte und verschwand. Wir wandten uns wieder dem Meer zu und starrten schweigend auf die Stelle, wo der Sand zu Boden gerieselt war wie eine Saat, und ich glaube, wir alle spürten, dass er genau das sein würde.

Impressum
Andreas Séché
Ulmenweg 8
41379 Brüggen
Covergestaltung & Buchsatz: Andreas Séché
Druck & Bindung: Amazon
Die Hardcover-Ausgabe ist im *ars vivendi verlag* erschienen.
Mehr zum Autor und seinen Büchern und Kontakt für
Signierwünsche unter www.andreas-seche.de

Bildnachweis Cover und Seiten 1 und 5
Geiger: Unter Verwendung einer Illustration von art3/Shutterstock.com
Gasse: Aleksandra Zatelepina/Shutterstock.com

Wenn Ihnen dieses Buch gefallen hat, können Sie den Autor mit einer Kundenbewertung bei Amazon unterstützen.

POETRY STREET

Printed in Germany
by Amazon Distribution
GmbH, Leipzig